WILLIE ROSARIO
EL REY DEL RITMO
Segunda edición

ROBERT TÉLLEZ M

Foto: Julio Costoso

Prohibida la reproducción total o parcial, de este libro, sin la autorización previa del autor.

Título: *Willie Rosario, El Rey del ritmo*
Segunda edición

Library of Congress Control Number: 1-13479286711

Todos los derechos reservados
© 2024 Robert Téllez M

Revisión: Isabel Patricia Vázquez
Edición: Equipo editorial *Be more* by Bella Martínez escribe
Imagen de portada: Conrado Pastrano
Diseño de portada: Félix Disla
Ilustraciones: Frank Rosado
Diagramación: Isabel Patricia Vázquez

ISBN: 979-8-871978-69-6
Willie Rosario, El Rey del ritmo

Impresión: Kindle Direct Publishing

Be more **by Bella Martínez escribe**
Guaynabo, Puerto Rico 00966
787-424-8868
bellamartinezescribe.com

4 de febrero de 2024

*"No hay mayor gloria que la música,
y la música es todo lo que nos une."*

WILLIE ROSARIO

Agradecimientos

A Dios, por concederme el privilegio de dedicarme a la difusión de la música salsa.

A Puerto Rico y su música.

A Willie Rosario, por permitirme ser su biógrafo.

A la familia Rosario Domenech, por la confianza depositada en este proyecto.

A Jimmie Morales, por haber tenido la idea para escribir esta historia.

A los maestros Fidel Morales y Julito Alvarado, por favorecer la presentación de la primera edición de esta obra literaria en el prestigioso Conservatorio de Música de Puerto Rico, el 5 de marzo de 2020.

A todos los que contribuyeron en el proceso de creación de este libro:

- Bella Martínez, por su apoyo con la revisión y publicación de esta segunda edición.
- Armando Nuviola, por haber trabajado la primera edición de este texto, bajo el sello Unos y Otros Ediciones.
- Jaime Andrés Monsalve, por la revisión del manuscrito.
- Conrado Pastrano por suministrar imágenes históricas, entre ellas la de portada para esta segunda edición.
- Julio Costoso por aportar imágenes fotográficas, captadas expresamente para esta obra literaria.
- Robert Padilla, coleccionista, custodio y defensor de la historia de la salsa; por la colaboración con el material fotográfico de su archivo.
- Ángel Ilarraza por secundar la coordinación de entrevistas para el texto original.
- Los amigos: Elmer González Cruz, George Rivera, Néstor Galán, "El Búho Loco", Hiram Guadalupe y José J. Rivera, "El Indio", por acompañarme en este enriquecedor proceso.

Robert Téllez M

Índice

Prefacio 11

Prólogo 13

El timbal 21

El conjunto llegó 35

Los primeros afinques 65

El bravo de siempre 75

Más ritmo 89

Retornando a Puerto Rico 99

Afincando 115

Un hombre de salsa 127

Nuevos horizontes 141

Una nueva cosecha 163

Leyenda de la salsa 181

Tradición clásica 199

Un ejemplo a seguir 215

Willie Rosario, el compositor 261

Fuentes consultadas 275

Foto: Julio Costoso

Prefacio

A finales de los años 1950, cuando vivía en nueva York, tuve el honor de conocer a Willie, un gran ser humano. Desde ahí, hemos cultivado una bonita amistad. A través de los años, él se ha convertido en un hermano y parte de la familia.

Willie siempre me daba los mejores consejos cuando más lo necesitaba y nunca dudó en darme la mano. Lo he visto destacarse en su trayectoria musical y también convertirse en un padre ejemplar. Siempre ha sido una persona muy organizada, responsable y honesta. Cuando tiene que decir algo, no duda en decirlo de frente.

Lo que más admiro de Willie es su profesionalismo y ese buen ejemplo que le da a las nuevas generaciones. Muchas de sus cualidades, como su forma de ser y su rectitud, han sido determinantes para que haya llegado al éxito y obtener el respeto que se merece.

Haber conocido a Willie Rosario ha sido un gran honor y una bendición en mi vida. Que Dios le siga dando muchos años llenos de salud y bendiciones.

Bobby Valentín

Prólogo

Las tres huellas de Willie Rosario

En un tiempo en que todos los músicos latinos querían sonar como Tito Puente, un timbalero de Coamo decidió sonar como sí mismo. Hablo del tiempo del mambo, por supuesto, de aquella fastuosa escena de los años cincuenta, y hablo de Willie Rosario, a quien, después de tanto tiempo, se le dedica un libro que recoge sus aventuras, su vida y su obra de manera detallada y cariñosa.

Y me detengo en esta última expresión, porque Rosario, que yo sepa, no tiene enemigos, ni causa rechazos, ni ha provocado desuniones. Lo que ha despertado siempre es admiración y cariño. Valga como ejemplo aquel famoso coro, que más que coro son dos frases marcadas por la clave en la canción 'Anuncio clasificado': «Ay, Míster Afinque, Willie Rosario». Hay alegría en esas voces, no hay esa sensación de estar leyendo una partitura o siguiendo una indicación del director musical. Suena unísono y, al mismo tiempo, suena espontáneo, suena como si le estuvieran dando la bienvenida a un tío muy simpático en una cena de Navidad. Hay cariño allí.

Y yo me pregunto: ¿cómo puede esa persona seria y formal, correcta y educada, tranquila y culta, despertar tanto cariño, si está en las antípodas del *cuentachistes*, del bailarín, del bebedor, del fiestero y del rumbero? ¿No será que yo estoy equivocado y en lugar de cariño, lo que despierta es respeto? No, no. A Willie Rosario lo quieren todos quienes lo conocen y Robert Téllez es uno de ellos.

Me confesaba Robert (quien, por cierto, es igualmente serio como el director de orquesta), que, a Rosario, a él y a mí nos unen tres cosas: la música, el periodismo y el servicio militar. La primera es el tema de este libro, y ya nos referiremos a esto más adelante. La segunda es una vocación, en la mayoría de los casos, y representa el poder de la comunicación. Rosario fue locutor y hombre de radio, estudió en la descentralizada Universidad de Gannon de Filadelfia, se especializó en los *Announcer Training Studios* de Nueva York, y condujo un programa de entrevistas en Radio WADO.

No fue una casualidad, WADO había apostado por los sonidos latinos, tras años de hacer una radio sin ninguna especialidad, hasta bien entrada la Guerra Fría. La emisora tenía su frecuencia en los 1280 de la AM neoyorquina, su dueño era Nelson Laverne, y su jefe de programación, Luis Armando Feliciano. Los dos habían visto que podían sacar mucho partido de la comunidad latina y, por eso, le dieron una vuelta a la parrilla, promocionando nuevos sellos discográficos como Alegre Records e incluyendo en su *staff* a locutores reconocidos como Rafael Font y noveles como Willie Rosario.

La tercera es una formalidad obligatoria. Rosario prestó servicio en una época en que los conflictos en Oriente marcaban la actividad de la US Army, en especial, la Guerra de Corea. Pero no combatió. Estuvo adscrito a la estación naval Roosevelt Roads, en Ceiba (Puerto Rico), una base aérea y de operaciones que, con el paso de los años, se transformó en oficina de Obras Públicas. En tiempo de Rosario, llegó a ser la base militar más grande de Estados Unidos en Latinoamérica y alcanzó a ocupar 150 kilómetros cuadrados.

En el servicio militar se suele vivir con intensidad, de allí las anécdotas y los amigos para toda la vida. Pero, también, y en muchos casos se ha visto, intensifica la relación con la música. Si para Tito Puente fue un punto de inflexión, para Willie Rosario también lo fue. Saldría de allí más convencido que nunca de su futuro.

Pero ¿qué lo alejó del estilo de Tito Puente?, ¿qué lo hizo

personalizar su sonido y alejarse de su ídolo y mayor inspiración? Siempre me lo he preguntado y quizás la respuesta provenga de esa experiencia militar, de esa obligación de cumplir las reglas y de esa irrefrenable tendencia a no dejar nada al azar.

Willie Rosario siempre había querido darle un tono diferencial a su música, desde que empezó a trabajar en ella, pero veía que la mayoría de los formatos orquestales ya habían experimentado lo que a él se le ocurría. La cosa iba en cuatro trompetas y un clarinete, cuando fue al *Blue Note Jazz Club*, en el Greenwich Village de Manhattan, y vio tocar *bossa nova* a Gerry Mulligan.

Mulligan era, según lo recordaba un añorado amigo mutuo, Miguel Camacho Castaño, «tan brillante músico como desagradable persona». Él solito se había bastado para poner el saxo barítono en un lugar privilegiado en el mundo del *jazz*, porque antes de él este era un instrumento más. Era interesante, llamativo, profundo, intenso y todo lo que tú quieras, pero apenas parte de una sección. No era protagonista hasta que llegó este rubio malgeniado, imprevisible y problemático, y lo puso en primera línea de combate.

Las notas profundas del saxo barítono le daban cuerpo a la sonoridad orquestal, ofreciendo un color nuevo para el común de las orquestas de su tiempo. Y, al mismo tiempo, le daba un orden estructural, porque este instrumento, a diferencia de otros, requiere de una enorme precisión. Ya lo decía Haywood Henry, multi-instrumentista de los tiempos del *swing*: «Es un instrumento difícil, que necesita fuerza. Hay que llenarlo y hay que alcanzar las notas. No se puede "patinar" como en el saxo alto y tenor».

Y, en este sentido, tanto Henry, como Mulligan, como Rosario, sabían que el secreto del buen manejo del saxo barítono residía en los arreglos. La lista de arreglistas de la orquesta de Willie Rosario es larga, desde luego, aunque hay algunos nombres recurrentes que delatan aquella intención: Bobby Valentín, Humberto Ramírez, Javier Fernández, Jorge Millet, José Febles, José Lugo, José Madera, Louie Ramírez, Marcelo Rosario, Miguel Flores o Ray Santos. Pero él, no. ¡Fíjate, tú!

Entonces, con la inclusión de ese saxo barítono incrustado en mitad de una línea de trompetas y con la dosificación de su timbre, gracias a los arreglos, Rosario pudo mantener su estructura a lo largo y ancho de la historia reciente de la música, pasando como Pedro por su casa a través de estilos y modas: del *boogaloo* a la salsa de barrio, de la salsa puertorriqueña a la salsa balada, del canto al sonido instrumental.

Y aquí quiero hacer una salvedad. Fiel a sus principios y a la lealtad hacia sus tropas, según los cánones militares, Willie Rosario nunca ha querido aceptar contratos para él solo con partituras bajo el brazo. Siempre ha respondido a esas invitaciones con un: «o con mi orquesta o nada» ... ¡Para quitarse el sombrero!

Sin embargo, yo sigo con mis preguntas: ¿fue esto lo único que lo alejó de Tito Puente? La sonoridad, sin duda, es razón suficiente para marcar diferencias, pero hay otro aspecto y es el tratamiento del *jazz*.

Puente, por una casualidad del destino y de exigencias de su público en Europa durante una gira, cambió de una orquesta tradicional a un ensamble y mantuvo las dos en actividad paralela durante muchos años. En la medida de lo posible, las canciones más jazzísticas las pasó a su ensamble, un formato en el que el virtuosismo de sus integrantes facilitó la interpretación de temas estándar adaptados al *latin jazz*. En el caso de Rosario, eso no se dio. Por el contrario, su manejo consistió en sumar un formato al otro, uniéndolos al estilo de Lalo Schifrin. Y eso se puede apreciar en un tema en particular: 'My best friends', incluido en su álbum *¡Sorpresas!* Esto no fue un hecho al azar. La composición es del saxofonista Mitch Frohman y el arreglo del percusionista José Madera, ambos veteranos integrantes de la súper orquesta de Puente.

La pieza arranca con una fanfarria de vientos, luego un montuno en percusión da entrada a una serie de intervenciones solistas de cuatro puertorriqueño y vibráfono. Más tarde, entra la banda al completo precedida por el saxo. En suma, Rosario encaja las piezas de un pequeño ensamble, como son el cuatro y el *vibes*, en el marco de un tema de *big band*. Es *afrocuban jazz* en estado puro, pero con todos los elementos incluidos, sin desperdicios y sin excesos. Y eso, desde mi humilde opinión, solo lo puede hacer alguien con el rigor suficiente como para no dejarse llevar por el entusiasmo y el virtuosismo de los solos instrumentales.

Hay más elementos diferenciadores entre el hombre que marcó una era en el *jazz* latino de Nueva York y el hombre que hizo época en la salsa puertorriqueña: el manejo de la campana como respaldo de los timbales, la ausencia de solos de timbal en una obra tan larga, el *ryder* en escena, el interminable desfile de soneros… en fin, una historia hecha a pulso, con afinque, con comunicación y con rigor.

No es de extrañar, entonces, que Robert Téllez Moreno, bogotano, generación del 73, periodista, locutor y programador, se haya sentido tan atraído por este renovador de sonoridades antillanas, y le haya dedicado una investigación tan minuciosa, y tanto cariño al hacerlo. En esta obra documental está todo Willie Rosario, el ser humano y el orquestador, el hombre y el músico, el jazzista y el salsero, el romántico y el rumbero, el boricua y el afrolatino y americano. Y está, sobre todo, su testimonio, su voz, para que esta y las siguientes generaciones entiendan que es lo que hay detrás de tantas creaciones musicales registradas por los sellos Alegre, BMC, Bronco, Colonial, Gennara, HMS,

Inca, Mundial, Musart, Musicor, Neliz, Rodven, Tiffany, Top Hits, West Side y otros.

Robert ha extraído de Rosario la esencia de su sonido y nos cuenta en estas páginas los secretos de su afinque. ¿Tarea fácil? Ni por asomo. Requiere tiempo, dedicación y rigor, y talento al trasladarlo a la hoja impresa. Robert es como su ídolo, se ha mimetizado en él al buscar contarnos a todos cómo es este insigne y virtuoso músico de Coamo. Podríamos decir que las tres huellas de Willie Rosario, la de la música, la del periodismo y la militar, se ven, de alguna manera, reflejadas en este escrito.

Me encantará leerlo y releerlo para seguir aprendiendo y disfrutando del *swing* de su protagonista. Como decía Tony Vega: «La misma combinación, la misma que me pediste, Tony Vega aquí con Willie Rosario el rey del afinque. Para ti, mi Borinquen, un saludito sincero, a los que de corazón se consideran salseros; también allá en Nueva York y a todos los bailadores, con este ritmo y sabor queremos rendir honores».

José Arteaga
(Escritor y periodista colombiano radicado en España. Dirige el reconocido programa *La Hora Faniática*. Editor y curador de Radio Gladys Palmera).

Willie Rosario, El Rey del ritmo
Segunda edición

Robert Téllez M

Be more by Bellamartínezescribe.com

Willie Rosario en su casa materna.
Al fondo el balcón donde solía tocar una lata de galletas imitando la percusión, cuando era un niño.
Fotografía: Archivo de Willie Rosario

El Timbal

El municipio de Coamo, uno de los más antiguos de Puerto Rico después de la capital, San Juan y de San Germán, está ubicado en el centro sur de la isla. Algunos investigadores sugieren que el nombre de la población procede de un vocablo indígena taíno cuyo significado es "lugar llano, fértil y extenso". Otro planteamiento manifiesta que esa zona se denominó Coamo, por ser ese el nombre del río de mayor importancia en el territorio. Finalmente, algunos historiadores se adscriben a la teoría que señala que en esa región reinó un cacique llamado Coamex y que de ahí derivó el nombre del municipio.

Coamo, fundado el 15 de julio de 1579 por decreto marginal del Rey Felipe II a petición del Obispo Fray Diego de Salamanca, en terrenos transferidos por Cristóbal de Illescas, fue uno de los primeros municipios boricuas en donde se sembró café a mediados del siglo XVIII.

Hoy goza de gran reconocimiento por su área de aguas termales, incluso, existe una leyenda que asegura que la fuente de la juventud, que buscaba incansablemente el conquistador español Juan Ponce de León, estaba ubicada precisamente en los Baños de Coamo. Además, indudablemente, el lugar también ha recibido reconocimiento por el mundialmente famoso Maratón San Blas, carrera deportiva de más de veinte kilómetros creada por la Fraternidad Delta Phi Delta en el año 1963, en la que anualmente los mejores atletas de larga distancia del mundo se reúnen para competir durante las fiestas patronales del municipio, por lo que también ha sido llamado el "pueblo de los maratonistas".

Pero si de música se trata, se debe señalar que Coamo fue el lugar de nacimiento del cantautor Bobby Capó[1], célebre

---

[1] Bobby Capó. Félix Manuel Rodríguez Capó (Coamo, 1 de enero 1921-Nueva York, 18 de

compositor de la emblemática pieza 'Piel canela', quien se convirtió, con el paso del tiempo, en una de las primeras figuras de la televisión y el cine latinoamericanos.

Dos años después del nacimiento de Capó, en el "Centro del Universo", como también se denomina el pueblo de Coamo por la sincera hospitalidad de su gente, brotó otra figura de la música popular caribeña que ha hecho historia: Willie Rosario, el fundador y líder de una de las orquestas más emblemáticas en la historia de la salsa.

Concretamente, el 6 de mayo de 1924 nació en el sector de la calle Ramón Emeterio Betances, Fernando Luis Rosario Marín, a quien en el mundo artístico conoceríamos más tarde como Willie Rosario, hijo de Juan Marín Aguilú y Genara Rosario.

Según recuerda el músico:

«Mi mamá tenía dos muy buenas amigas, una de ellas quería ponerme Fernando Luis, porque era el nombre de su esposo, la otra tenía un hijo que se llamaba Willie y le decía a mi mamá que me pusiera ese mismo nombre. Finalmente, mi mamá les hizo caso a las dos, me puso por nombre Fernando Luis y me empezó a llamar Willie, y así me quedé.»[2]

Siendo único hijo y tras la ausencia paterna, ya que Juan abandonó el hogar cuando el pequeño Willie apenas tenía dos años; fue criado por su mamá, su abuela materna Hermógenes y su tía, Visitación Isabel.

«A pesar de la pobreza de esos tiempos yo tuve todo lo necesario. Mi mamá fue una mujer sacrificada. Nunca padecí algún desaire por esa situación, jamás

---

diciembre 1989). Considerado uno de los pioneros de los cantautores hispanos. Dentro de su obra se destacan 'Piel canela', 'El negro bembón', 'Luna de miel en Puerto Rico', 'Soñando con Puerto Rico'.

[2] Willie Rosario. Entrevista por el autor. 13 de marzo 2015. Puerto Rico.

me preguntaron en la escuela quién era mi padre.»[3]

Sin duda alguna, el desarrollo del talento musical en una persona va de la mano con la interacción de varios factores más allá de la simple habilidad. No basta el simple interés musical, si no hay manera de potencializar esa destreza mediante la experiencia. Por fortuna, ese fue el caso de Willie Rosario.

«Desde muy pequeño me gustó la música. Tuve sentido del ritmo y de la clave desde los siete años. Para ese tiempo ya yo estaba tocando todo lo que encontraba por ahí, una lata de galletas o un cajón.»[4]

Desde el balcón de su casa, el pequeño Willie pasaba mucho tiempo imitando melodías del Sexteto Puerto Rico y de la orquesta del bajista puertorriqueño Rafael Muñoz, por la que pasaron el cantante José Luis Moneró, el pianista Noro Morales, y César Concepción, quien más tarde fue su mentor.

«Cuando estaba en tercer grado en la escuela, salía a eso de las tres de la tarde y me sentaba en el balcón de mi casa con la lata y comenzaba a pegarle, como si se tratara de un instrumento de percusión, tratando de imitar a las orquestas que escuchaba por radio. En una oportunidad, se me ocurrió pedirle a la maestra de la escuela que me regalara la cajita de madera donde guardaba la tiza con la que ella escribía en el pizarrón. Ella tenía de dos clases, una caja dura y otra blanda. Cuando logré conseguir que me obsequiara ambas, las uní sujetándolas con clavos, como tratando de armar un bongó, ese fue prácticamente mi primer instrumento.»[5]

---

[3] Willie Rosario. Entrevista por el autor. 13 de marzo 2015. Puerto Rico.

[4] Willie Rosario. Entrevista por el autor. 28 de abril 2018. Puerto Rico. 29 de mayo 2015. Bogotá.

[5] Willie Rosario. Entrevista por el autor. 13 de marzo 2015. Puerto Rico.

No transcurrió mucho tiempo para que Doña Genara percibiera las abundantes capacidades artísticas de su hijo.

«Ella me animaba porque veía que me gustaba la música. Incluso, buscó algunas personas para que me enseñaran a tocar la guitarra. Yo fui, me enseñaron dos o tres tonos, pero eso como que no me satisfacía.»[6]

Eran los tiempos de la llamada Gran Depresión, esa profunda recesión económica mundial que empezó a principios de 1929 y que culminó de manera gradual en diferentes momentos del decenio de 1930. Los efectos de esa crisis sobre Puerto Rico fueron devastadores, más aún, si se tiene en cuenta que los primeros treinta años de la presencia estadounidense en la isla no habían resultado muy positivos. Para el año 1929, Puerto Rico vivía un momento de pobreza, incluso mayor que la experimentada en tiempos del dominio español.

Adicionalmente, las marcadas consecuencias de la Gran Depresión sobre Puerto Rico se dieron en momentos que el pueblo boricua intentaba recuperarse del amargo paso del huracán San Felipe, de 1928. La situación se agravó aún más, y en el corto plazo, con otro fenómeno natural: la irrupción del huracán San Ciprián, que golpeó la isla en 1932.

La fuerte disminución de las actividades económicas, comerciales e industriales en Estados Unidos frenó por un tiempo la emigración de puertorriqueños, ya que incluso allí se redujeron las oportunidades de empleo. Boricuas que habían emigrado con anterioridad a Chicago, Nueva York y Nueva Jersey, principalmente, optaron por regresar a su terruño cuando inició la crisis.

Sin embargo, se implementaron en Puerto Rico una serie

---

[6] Willie Rosario. Entrevista por el autor. 13 de marzo 2015. Puerto Rico.

de reformas auspiciadas por el presidente de los Estados Unidos, Franklin Delano Roosevelt, que pusieron en funcionamiento un ciclo de programas con los que el gobierno federal intervino directamente en la vida económica de los boricuas.

Willie Rosario (1) junto a sus compañeros de escuela. Coamo, Puerto Rico, 1932.
Fotografía: Archivo de Willie Rosario

En ese contexto, Willie tuvo en su pueblo la que fue su primera incursión musical con el Conjunto Coamex, agrupación en la que, por un breve tiempo, hizo las veces de bajista.

Posteriormente, mientras estudiaba en la escuela pública superior Florencio Santiago, se anunció en Coamo la inauguración de la primera institución dedicada a la enseñanza musical, que funcionaría en las instalaciones de la escuela intermedia Eugenio María de Hostos, teniendo como instructor a Juan Suárez, el único profesor de música en la región.

Tras la motivación de Willie y el empeño de Doña Genara, el maestro Juan Suárez le permitió tomar las clases, a pesar de no pertenecer a la institución. Así se lo contó el propio Willie Rosario al sociólogo y periodista puertorriqueño Hiram Guadalupe Pérez.[7]

«Las clases tenía que tomarlas fuera del salón, porque cuando se creó la escuela yo estaba graduándome de noveno grado y estaba pasado de edad. Sin embargo, Juan Suárez me atendía detrás de la cortina donde estudiaban Bobby Valentín, Willie Rodríguez, Luis Manuel Rodríguez y Carlos "Coamito" Martínez.»[8]

Fue en esa época cuando Willie Rosario se familiarizó, aún más, con las notas musicales. Aprendió el solfeo y hasta estudió por un corto período el saxofón.

«Pero en un par de meses dejé las clases, el saxofón no era lo mío.»[9]

Estando en cuarto año de la escuela superior, Willie perteneció al equipo *senior* de béisbol, jugando en la primera base, gracias a su estatura y buenos reflejos. Esa actividad también se vería truncada cuando se acentúo aún más la recesión en Puerto Rico, trayendo como consecuencia algunos cambios y reformas de índole social, cultural y económico en la isla.

Para ese tiempo, la situación general de los puertorriqueños fue muy tensa y estuvo caracterizada por una fuerte lucha de clases, que desencadenó en un gran crecimiento del flujo migratorio de boricuas hacia los Estados Unidos. Por supuesto, la familia Rosario no fue la excepción y, al igual que miles de puertorriqueños, tomaron rumbo a la ciudad de Nueva York en busca de mejores oportunidades.

---

[7] Hiram Guadalupe Pérez. Sociólogo y periodista. Es profesor de Ciencias Sociales y concentra sus estudios en temas relacionados al análisis social, el empleo, la cultura y los cambios organizacionales. Es autor del libro *Historia de la salsa* (2005) y ha publicado artículos en periódicos y revistas profesionales en Puerto Rico, México y España. Fue presidente de la Federación Universitaria Pro-Independencia.
[8] Hiram Guadalupe Pérez. *Historia de la Salsa*. Ed. Primera Hora, p. 257.
[9] Willie Rosario. Entrevista por el autor. 28 de abril 2018. Puerto Rico.

«Yo me acababa de graduar de la escuela superior. Inicialmente, viajé con mi tía Visitación y después se trasladó mi mamá. Nos instalamos en la calle 103 y Lexintong Avenue, una parte del barrio latino donde residía bastante población puertorriqueña. Después nos cambiamos al Bronx.»[10]

El sur del Bronx fue urbanizado a principios de siglo XX, cuando arribó la oleada de inmigrantes más importante en la historia de los EE.UU. A partir de la Primera Guerra Mundial, el Bronx pasó a ser el destino más popular para los hijos de italianos, irlandeses, alemanes y, en especial, para judíos provenientes del este de Europa, que habían logrado un moderado crecimiento socioeconómico con relación a sus padres.

Por su parte, los puertorriqueños que se animaban a "cruzar el charco" -como de manera simbólica expresaban que atravesar el océano Atlántico significaba la mejor alternativa para ir en busca de opciones de empleo más numerosas y con mejores ingresos a los disponibles en la isla- se asentaron en Brooklyn, el Bronx y finalmente en East Harlem, también conocido como El Barrio.

Aunque en un principio las condiciones resultaron adversas, con el paso del tiempo Willie consiguió vincularse laboralmente al departamento de correos y la sección de envoltura de regalos de la joyería Cartier y, posteriormente, en la fábrica de gabinetes de oficina Arts Steel Company, como delegado de bodegas.

«Cuando viajamos a Nueva York no fui dependiente de la música, tenía la disposición y el interés de estudiar comunicaciones, porque ya la situación estaba bastante difícil.»[11]

---
[10] Willie Rosario. Entrevista por el autor. 11 de junio 2016. Puerto Rico.
[11] Willie Rosario. Entrevista por el autor. 13 de marzo 2015. Puerto Rico.

Con diecinueve años cumplidos, Willie Rosario se enlistó a las fuerzas armadas de los Estados Unidos, para formalizar su servicio militar obligatorio. Resultó asignado en la estación naval Roosevelt Roads, en Ceiba, al este de Puerto Rico, que era todo un baluarte militar estadounidense creado para proporcionar control operativo y estratégico para las maniobras terrestres, marítimas y aéreas de las fuerzas militares de los Estados Unidos para América del Sur, América Central y el Caribe.

«No era que yo quisiera estar ahí, pero debía cumplir con ese deber porque somos una colonia de los Estados Unidos. Recuerdo que fue una etapa de sufrimiento, porque cuando yo llegaba a casa de licencia, mi mamá comenzaba a llorar, y cuándo debía regresar al Army, seguía llorando. Incluso, en una oportunidad soñé que mi mamá había muerto y, en ese tiempo, no tenía la facilidad de comunicarme con ella. Todas las comunicaciones se hacían por carta. Fueron tiempos de mucha intranquilidad, de mucho sufrimiento.»[12]

Sin embargo, fue durante su permanencia en el servicio militar que Willie Rosario logró vincularse en una orquesta que se estaba formando para animar las celebraciones de los oficiales del ejército.

«En la orquesta necesitaban un bajista, entonces tomé la decisión. Di el paso al frente y expliqué que me sabía unos tonos en la guitarra que podía adaptarlos al bajo acústico, pero, en realidad, eran más las mentiras que dije, que los tonos que realmente sabía tocar…(Risas).»[13]

---

[12] Willie Rosario. Entrevista por el autor. 11 de junio 2016. Puerto Rico.

[13] *Melómanos Documentos*. 'Mr. Ritmo, Willie Rosario'. Por: Orlando E. Montenegro. Director y editor. No.19. Octubre - Diciembre de 2002. Año 4. Santiago de Cali, Colombia.

Willie Rosario durante su servicio militar.
Fotografía: Archivo de Willie Rosario

Posteriormente, aprovechando un tiempo de licencia, Rosario decidió visitar el famoso salón de baile conocido como El Palladium, en una noche donde la atracción principal era la orquesta de Tito Puente.[14]

---

[14] Tito Puente. Ernesto Antonio Puente (Nueva York, 20 de abril 1923 - 31 de mayo 2000). Compositor y percusionista. Creador de una discografía prodigiosa que sobrepasó los cien discos de larga duración. Su legado es todo un récord, si se tiene en cuenta que transitó por el mambo, el chachachá, la pachanga, el guaguancó, el son montuno, el bolero y el *latin jazz*. Fue denominado artísticamente El Rey del timbal. En 1992, ganó el Premio Bicentenario de James Smithson y participó en la película *The Mambo Kings,* junto a Celia Cruz.

«Fui al Palladium, vi a Tito Puente tocando el timbal con mucha energía y de pie. Eso me impresionó, me motivó su estilo, porque el instrumento siempre lo había visto ubicado atrás, cerca al *brass*.»[15]

Por aquel tiempo, era habitual que los timbaleros ejecutaran el instrumento estando sentados, al igual que lo hacían los bateristas de *jazz*, pero Tito Puente fue más allá y cambió lo establecido, le dio al instrumento la preponderancia que, hasta el momento, no poseía, ubicándolo al frente de la orquesta.

Esa revelación le hizo entender a Willie Rosario que lo suyo era la percusión. Por esa razón, al retornar a la ciudad de Nueva York, luego de licenciarse del servicio militar, se definió por el timbal, ese instrumento constituido por tambores metálicos llamados pailas, que junto con las congas y el bongó forman el núcleo de instrumentos de percusión fundamentales en la ejecución de la salsa.

«Aunque Tito Puente fue una inspiración para mí, yo no podía seguir el estilo de Puente, porque él sentía la música de una manera y yo la percibía de otra.»[16]

Rosario no solo fue seguidor del estilo fomentado por el denominado Rey del timbal, también fue admirador del puertorriqueño Ubaldo Nieto, el timbalero que sustituyó a Puente en la orquesta de Machito, a finales de la década del 1940, caracterizado por tener un ritmo con buen *tempo* y quien efectuó magníficas grabaciones junto a grandes figuras del *jazz*, como Dizzy Gillespie, Artie Shaw, Mitch Miller, Art Blakey, entre otros.

Lleno de esas influencias, Willie Rosario reunió el dinero para comprar unos timbales y decidió formalmente recibir clases de percusión. Su maestro fue, ni más ni menos, Henry

---

[15] Willie Rosario. Entrevista por el autor. 11 de junio 2016. Puerto Rico.
[16] Willie Rosario. Entrevista por el autor. 13 de marzo 2015. Puerto Rico.

Adler, destacado músico e instructor de percusión de ascendencia judía, que logró gran reconocimiento, no solo como profesor de música, sino también como fabricante de instrumentos.

> «Ya después, para adelantarme en cuestiones rítmicas, fui a tomar clases con un músico puertorriqueño muy famoso, de nombre Willie Rodríguez, que era tremendo percusionista. Un hombre de estudio y muy dedicado a su oficio, inclusive grababa música para cine y televisión. Mi idea era perfeccionar la técnica latina. Con el tiempo nació una fuerte amistad y él pasó a ser mi compadre, ya que fue el padrino de bautismo de mi hijo, "Willito".»[17]

En 1952, Rosario regresó a Puerto Rico para visitar al resto de su familia, estadía que se prolongó por un año, al ser invitado a formar parte de la orquesta Fiesta, en calidad de baterista, sustituyendo a Mon Rivera.[18]

En entrevista con el periodista Hiram Guadalupe, Willie Rosario le comentó:

> «Cuando llegué a Coamo había varios muchachos del pueblo que habían hecho un grupo. Estaba "Coamito", Waldo Seda y Luis Guillermo Ortíz, y con ellos estuve un año, y también hice algunas cosas con tríos y conjuntos de poco reconocimiento y sin nombre.»[19]

Al año siguiente, Rosario viajó a Nueva York para cumplir con algunos compromisos artísticos con la Orquesta Fiesta, pero no regresó a Puerto Rico, ya que inició sus estudios universitarios en comunicaciones en la Universidad

---

[17] Willie Rosario. Entrevista por el autor. 11 de junio 2016. Puerto Rico.
[18] Mon Rivera. Efraín Rivera Castillo (Mayagüez, Puerto Rico. 25 de mayo 1925 - 12 de marzo 1978. Manhattan, New York).
[19] Hiram Guadalupe Pérez. *Historia de la Salsa*. Ed. Primera Hora, p. 257.

de Gannon, especializándose en periodismo radial, en el Announcer Training Studios, una escuela acreditada de radiodifusión ubicada en el área de Manhattan, hecho que lo llevó a debutar como locutor de radio.

Willie Rosario en el estudio de Radio WADO, entrevistando a Frank "Machito" Grillo y a su hermana Graciela Grillo Pérez, vocalista de Machito y sus Afro-Cubans.
Fotografía: Archivo de Willie Rosario

«Al terminar mi ciclo de estudios, pude encontrar trabajo. Ese oficio como locutor de radio me encantaba. Lo disfruté muchísimo. No era que uno estuviera en la calle trabajando como reportero, nosotros dábamos las noticias leyendo del teletipo, una máquina que consolidaba las noticias de la prensa unida. Después, me dieron un programa de entrevistas que se emitía en las noches. Luego me enviaron al departamento de noticias, que era donde yo quería estar. Trabajaba en dos emisiones de un noticiero, una a las seis de la mañana y otra a las doce.»[20]

El programa de entrevistas, conducido por Willie Rosario y emitido por Radio WADO en Nueva York, se llamó *Latin*

---

[20] Willie Rosario. Entrevista por el autor. 11 de junio 2016. Puerto Rico.

Jazz Show, y por allí pasaron personajes como Tito Rodríguez, Machito, Johnny Ventura, La Lupe y Joe Quijano, entre otros.

Johnnie Seguí and his Orchestra.
Fotografías: Archivo de Robert Padilla

Fotografía: Archivo de Willie Rosario

El conjunto llegó

En el año 1953, al tiempo que cursaba sus estudios en comunicaciones, Willie Rosario comenzaba a introducirse en el ambiente musical de la ciudad de Nueva York, puliéndose como percusionista con agrupaciones como el conjunto del tresero puertorriqueño Luis "Lija" Ortiz, la del compositor y pianista puertorriqueño Noro Morales, y la del arreglista y director de orquesta venezolano Aldemaro Romero, figura fundamental en el desarrollo de la música en su país, como creador del fenómeno llamado onda nueva - una suerte de modernización del joropo con *jazz* y *bossa nova*-, y quien en la década del cincuenta lanzaba la exitosa serie discográfica *Dinner in...* basada en la música tradicional de varios países latinoamericanos.

Los primeros trabajos de Rosario en el famoso salón de baile El Palladium ocurrieron como músico del Conjunto Cachana de Joe Quijano[21] y, posteriormente, del conjunto Los Dandies, agrupación del tresero y bajista Johnnie Seguí[22], a la que llegó recomendado por el cantante Manuel Seda. Esa etapa resultaría fundamental para Rosario en su formación como futuro líder de orquesta.

«Esa fue una gran escuela para mí. Johnnie Seguí me dio la oportunidad de entrar a una agrupación de arreglos muy interesantes, en la era del mambo en Nueva York, pero también fue el momento de aprender sobre la responsabilidad que debe tener el miembro de una orquesta. Ahí tuve las bases para luego formar mi agrupación.»[23]

---

[21] Joe Quijano. José Quijano Esterás (27 de septiembre 1935. Puerta de tierra, Puerto Rico - San Juan, 4 de abril 2019). En 1956 fundó su propia agrupación, el Conjunto Cachana. Quijano fue uno de los principales protagonistas del ritmo pachanga en Nueva York.

[22] Johnny Seguí (14 de abril 1922. Nueva York, Estados Unidos) Músico ejecutante del tres cubano y del bajo. Creador de Los Dandies del 42.

[23] Willie Rosario. Entrevista por el autor. 30 de mayo 2015. Bogotá, Colombia.

Fue justamente durante su paso por Johnny Seguí y Los Dandies, que Willie Rosario hizo su primera grabación en el año 1956. Se trató del álbum *Cha cha chá. Johnnie Seguí and His Orchestra*, publicado por el sello Ansonia, propiedad de Rafael "Ralph" Pérez. El álbum contó con los arreglos del pianista Mario Román y en el mismo figuran Wilfredo Figueroa, "Yayo El Indio" y "Pellín" Rodríguez, en los registros vocales.

Johnnie Seguí and his Orchestra.
Fotografía: Archivo de Willie Rosario

La producción discográfica se enfocó en la expresión musical denominada chachachá -cuya creación se le atribuye al violinista, compositor y director de orquesta cubano Enrique Jorrín[24]-, que, sin ser el sonido característico de la agrupación de Seguí, contribuyó, en gran manera, a que pudieran darse a conocer de forma más amplia en el ambiente musical.

---

[24] Enrique Jorrín Oleaga (25 de diciembre de 1926. Pinar del Río, Cuba - 12 de diciembre de 1987. La Habana, Cuba). Violinista, orquestador y director musical. En 1951 compuso el primer chachachá. Entre sus obras musicales más conocidas se encuentran: 'La engañadora', 'El alardoso', 'El túnel', 'Nada para ti' y 'Me muero'.

1957
Cha cha chá. Johnny Seguí and His Orchestra
(Ansonia)

1. El bodeguero
2. Tati
3. Qué tiene el cha cha chá
4. El cha cha chá de las pepillas
5. Señor juez
6. Besito por teléfono
7. Todo para ti
8. Duerme *(Time Was)*
9. Lindo cha cha chá
10. Yo soy Pepito
11. Para mi china
12. Estoy en el cielo

Fue por esa época que Willie Rosario actuó, aunque de manera circunstancial, en un mismo escenario con Tito Puente.

> «Por un tiempo corto, Tito Puente no tuvo pianista, entonces el tocó el piano y le pidió al conguero "Manolo" Díaz que me buscara, para que yo tocara el timbal en su orquesta durante dos domingos. Eso fue una cosa increíble.»[25]

El año 1958 resultó crucial para la carrera de Willie Rosario, por ser el momento de su debut como director de orquesta. Las condiciones le resultaron favorables al timbalero cuando Johnnie Seguí decidió disolver su agrupación, con el fin de establecerse en Puerto Rico. En esa coyuntura, Rosario entendió que era el momento adecuado para emprender su propia orquesta, con algunos músicos de Seguí, exhibiendo su proyecto en los más reconocidos salones de baile de la época. Precisamente, su primera oportunidad como líder de orquesta aconteció en el Casino de Broadway, ubicado en el oeste de la calle 146 y Broadway, en Nueva York.

> «Inicié la orquesta usando tres trompetas, básicamente por razones económicas. Conservé ese formato hasta que comenzamos a obtener el suficiente trabajo para poder traer un músico más y agregar así una cuarta trompeta.»[26]

Así, la naciente orquesta liderada por Rosario consiguió trabajar en otros salones, como el Casino Broadway y el Monte Carlo, hasta que el músico logró un contrato con Roberto Ruperto, que representó mayor estabilidad y significó que el colectivo trabajara todas las semanas, como orquesta de planta en el Club Caborrojeño, que funcionaba

---

[25] Willie Rosario. Entrevista por el autor. 11 de junio 2016. Puerto Rico.
[26] Willie Rosario. Entrevista por el autor. 11 de junio 2016. Puerto Rico.

entre las calles 145 y Broadway.

En octubre de 1959, Willie Rosario contrajo matrimonio con Ada Lydia Domenech, una bella joven puertorriqueña nacida al noroeste de la isla, en el municipio de Aguada. La familia Domenech se había trasladado a la Gran Manzana desde que la niña Ada tenía siete años.

Willie Rosario y Ada Lydia Domenech bailando.
Foto: Archivo de Willie Rosario

La pareja se vio por primera vez en el Club Caborrojeño. Así evoca Ada Lydia ese momento:

> «Era la época del mambo. Lo conocí porque fui con mis amigas al club y ahí estaba él, tocando esa noche. Yo asistía apenas ocasionalmente, porque mis padres eran bastante estrictos. Durante un receso de la orquesta, se me acercó y me pidió que bailara con él. Desde ese momento, llamó mi atención su sencillez. Willie fue mi único novio y me casé con él.»[27]

«Ella dice que cuando yo estaba tocando, ella se fijaba mucho en que siempre tenía los zapatos bien brillados, como que me veía limpio, y eso le gustó a ella, y a mí ella me gustó porque eran diecinueve años, pero había proporción en todos los sitios: piernas, arriba, atrás... Todo el mundo la (piropeaba), pero me tocó a mí»[28], confiesa el músico.

Luego de un prudente tiempo de relación, contrajeron nupcias en la Iglesia católica Santa Rosa de Lima, perteneciente a la Arquidiócesis de Nueva York, ubicada en el oeste, en el número 510 de la calle 165, entre las avenidas Audubon y Amsterdam, en el barrio Washington Heights, de Manhattan. Juntos iniciaron un sólido matrimonio, que por décadas ha estado caracterizado por la consideración, la confianza y la mutua aceptación.

Con el paso del tiempo, Ada de Rosario, a quien Willie describe como excelente mujer, compañera y esposa, no solo asumió el papel de madre para Fernando Luis, el primer hijo del timbalero y a quien llaman "Willito", sino que fue madre de Maritza, Elizabeth "Lyza" y María de los Ángeles "Angie", terminando de conformar el hogar del músico.

---

[27] Ada Lydia Domenech. Entrevista por el autor. 21 de julio 2018.
[28] Declaraciones de Willie Rosario al Diario *Primera Hora*. Entretenimiento. 'Willie Rosario vive a dos ritmos'. 22 de julio 2009.

Willie Rosario y Ada Lydia Domenech en el día de su boda.
Foto: Archivo de Willie Rosario

«Yo alternaba ambos trabajos, el de locución radial y la labor musical, porque cuando se está empezando con una orquesta, no se genera el dinero suficiente para la familia, es una profesión en la que se tiene que trabajar duro hasta lograr hacer un nombre.»[29]

---

[29] Willie Rosario. Entrevista por el autor. 11 de junio 2016. Puerto Rico.

Willie Rosario comenzaba a construir nombre y reputación en la escena neoyorkina, mediante la disciplina y búsqueda de la excelencia, liderando un refinado colectivo que posibilitaba gran disfrute para el público bailador.

Willie Rosario trabajando en el departamento de noticias de Radio WADO.
Fotografía: Archivo de Willie Rosario

Fernando Luis Rosario (hijo), "Willito", quien se define a sí mismo como un muchacho aventurero, que se fue del hogar tempranamente para dedicarse a la arquitectura gracias a su gusto por el dibujo, cuando recuerda esos años, no vacila en referirse a su progenitor como su héroe, precisándolo como un padre estricto, pero muy justo.

«Le tocaba esforzarse bastante. Salía de casa antes de las seis de la mañana, iba a su trabajo en Radio WADO, cuando salía de allí, se dirigía a su otro trabajo en Cartier, y, al final del día, llegaba a cenar a casa. Luego de compartir tiempo con nosotros, se alistaba para ir a tocar en las noches con su orquesta.»[30]

---

[30] Fernando Luis Rosario, "Willito". Entrevista por el autor. 10 de abril 2019.

Recuerda Willie Rosario: «Cuando me dieron el contrato en el Caborrojeño, me advirtieron que en el club estaríamos alternando con "Joe" Valle, que era una de las voces más reconocidas en ese momento. Entonces, me expresaron que debía tener un cantante de renombre».[31]

Rosario aceptó esa solicitud sin vacilación porque se trataba de una buena oportunidad para que su orquesta comenzara a ganar reconocimiento. En su paso por el Caborrojeño, la agrupación acompañó a exponentes como Víctor "Vitín" Garay, un excelso vocalista que había grabado exitosos boleros con la orquesta de Rafael Muñoz, y también al sonero Rafael Francisco Dávila, a quien todos llamaban "Chivirico"[32], apodo ideado por el popular cantante Orlando Guerra "Cascarita", tomado de una fritura callejera cubana, muy popular en los años cincuenta.

"Chivirico" Dávila se unió a la orquesta de Willie Rosario en el Caborrojeño, luego de haber sido miembro de Johnnie Seguí y Los Dandies, y tras culminar un periplo que lo había llevado a países como México, Ecuador, Perú, Argentina y Uruguay como cantante de la orquesta del cubano Dámaso Pérez Prado. "Chivirico" también había visitado Chile, donde grabó con la orquesta Huambaly.

---

[31] Willie Rosario. Entrevista por el autor. 30 de mayo 2015. Bogotá, Colombia.

[32] Rafael "Chivirico" Dávila Rosario (2 de agosto 1924, Santurce, Puerto Rico - 5 de octubre 1994, Nueva York, Estados Unidos). Su talento quedó registrado en producciones discográficas de figuras como Orlando Marín, Ricardo Ray, Tito Puente, Joe Quijano, Johnny Pacheco, Louie Ramírez y Joe Cuba, entre muchos otros.

"Kako" Bastar, Tito Puente y Willie Rosario en el Club Caborrojeño en Nueva York.
Fotografía: Archivo de Willie Rosario

Paralelamente, Willie Rosario fue convocado por el productor "Al" Santiago,[33] propietario del sello Alegre, para participar en su proyecto Las Estrellas Alegre, una serie de producciones grabadas en vivo a modo de descarga, inspiradas en las publicaciones de las Estrellas de Cuba, prensadas por el sello Panart. Por esa razón, Rosario figura en los créditos de algunas de las producciones publicadas bajo los conceptos: The Alegre All Stars y The Cesta All Stars, estas últimas sesiones, grabadas en su totalidad en los legendarios estudios Nola en el año 1963, bajo la producción ejecutiva de Joe Quijano, y publicadas con más de diez años de posteridad por la compañía Coco Records, a través de una licencia.

---

[33] Alberto *"Al"* Santiago Álvarez (23 de febrero 1932. Nueva York, Estados Unidos - 9 de diciembre de 1996. Nueva York, Estados Unidos). Fundador del sello Alegre, donde produjo cuarenta y nueve álbumes entre 1960 y 1966, entre ellos, los discos debut de Francisco *"Kako"* Bastar, Eddie Palmieri y Willie Rosario.

"Yayo El Indio" con la orquesta de Willie Rosario. Club Caborrojeño 1958.
Fotografía: Archivo de Willie Rosario

Conjunto de Willie Rosario en Nueva York.
Fotografía: Archivo de Willie Rosario

The Cesta All Stars – Live Jam Session

1. No hace falta papel
2. Si a tu lado no estoy
3. Soneros en una cesta
4. Jala-jala con aguardiente
5. Échame a mí la culpa
6. El rinconcito

Músicos:

Charlie Palmieri: Director Musical, Piano
"Bobby" Rodríguez: Bajo
"Frankie" Malabé, Pedro Perdomo: Conga
Johnny "Dandy" Rodríguez: Bongó
José "Chombo" Silva, Mario Rivera: Saxofón
Pedro "Puchi" Boulong,
Roy Roman, Víctor Paz: Trompeta
"Kako" Bastar, Orlando Marín: Timbales
Willie Rosario: Timbales, bongó
Barry Rogers, "Joe" Rodríguez, "Joe" Wohletz: Trombón
Louie Ramírez: Vibráfono
"Chaguito" Montalvo, Cheo Feliciano,
 Dioris Valladares, Jimmy Sabater, Joe Quijano,
Víctor Velázquez, "Willie" Torres,
"Yayo El Indio": Vocalistas
"Al" Santiago, Joe Quijano: Producción

Willie Rosario, El Rey del ritmo

The Cesta All Stars – Salsa Festival

1. Arranquen
2. Delirio
3. El rompecabeza
4. Es por tu bien
5. El Quinto de Beethoven
6. Maní tostado
7. Ran-Kan-Kan

Músicos:

Charlie Palmieri: Director Musical, Piano
"Bobby" Rodríguez: Bajo
"Frankie" Malabé, Pedro Perdomo: Conga
Johnny "Dandy" Rodríguez: Bongó
José "Chombo" Silva, Mario Rivera: Saxofón
Pedro "Puchi" Boulong,
Roy Roman, Víctor Paz: Trompeta
"Kako" Bastar, Orlando Marín: Timbales
Willie Rosario: Timbales, bongó
Barry Rogers, "Joe" Rodríguez, "Joe" Wohletz: Trombón
Louie Ramírez: Vibráfono
"Chaguito" Montalvo, Cheo Feliciano,
Dioris Valladares, Jimmy Sabater, Joe Quijano,
Víctor Velázquez, "Willie" Torres,
"Yayo El Indio": Vocalistas
"Al" Santiago, Joe Quijano – Producción

Foto: Archivo de Willie Rosario

El propietario de El Caborrojeño, Roberto Ruperto, le exigió a Willie Rosario que vinculara al cantante Gabriel Eladio Peguero, conocido artísticamente como "Yayo El Indio"[34], lo que inicialmente no fue desacertado, pero en el corto plazo sí representó la salida de Willie Rosario del acreditado club.

Así lo recuerda el músico:

> «Yo vivía cerca del Caborrojeño. Como soy una persona muy organizada, solía ir en la mañana a dejar listos los timbales y las partituras, así lo hice siempre. Un día, cuando entré al salón, me dice el dueño del sitio que quería finalizar el contrato con mi orquesta. Era bastante claro que "Yayo El Indio" se había empeñado en tener una orquesta y, por eso, me dejaron sin trabajo. Me dieron dos semanas para irme.»[35]

Durante esas semanas el timbalero se esforzó por encontrar oportunidades para su orquesta en otro club. Pero lejos estaba Rosario de imaginarse lo que realmente sucedería.

> «Cuando voy a hablar con los muchachos de la orquesta para comentarles el cambio que venía, uno a uno comenzó a decir que se quedaría a trabajar en el Caborrojeño con "Yayo El Indio". Pero cuando le preguntaron a Bobby Valentín, que era trompetista en la orquesta, Bobby dijo que él no se quedaba, que se iba conmigo. Él fue el único honesto y fiel en ese momento.»[36]

Bobby Valentín también recuerda aquel momento y comenta:

---

[34] Gabriel Eladio Peguero Vega, "Yayo El Indio" (18 de marzo 1920. Juana Díaz, Puerto Rico - 11 de diciembre 2000. Nueva York, Estados Unidos). Una de las voces más potentes y afinadas, en la historia de la música afrocaribeña.
[35] Willie Rosario. Entrevista por el autor. 11 de junio 2016. Puerto Rico.
[36] Willie Rosario. Entrevista por el autor. 11 de junio 2016. Puerto Rico.

«Todo el mundo se fue de la orquesta, prácticamente fue un golpe de estado. Yo no estuve de acuerdo porque valoraba la oportunidad que Willie me había dado en su orquesta. He procurado ser un músico fiel y agradecido. Si alguien me da la mano, no me voy de ahí porque me ofrecen cinco dólares más. No es lo económico lo único que me motiva, ser sincero y agradecido con quien me brinda una oportunidad, para mí, vale mucho más. Por eso no dudé un instante en seguir con Willie.»[37]

Ese sería el comienzo de una estrecha relación musical y personal entre Willie Rosario y el denominado Rey del bajo, Bobby Valentín. Coincidentemente, ambos crecieron en el pueblo de Coamo, aunque Bobby sea natural de Orocovis. Estos dos grandes de la música latina lograron desde temprano una magnífica conjunción, que perdura en el tiempo.

«Cuando fui a la ciudad de Nueva York, tuve la oportunidad de conocerlo, formé parte de su orquesta por un tiempo, le hice varios arreglos musicales y participé en varias de sus grabaciones, antes de tener mi propia agrupación. Desde entonces, hemos cultivado y mantenido una amistad de muchos años»,[38] añade Bobby Valentín.

A pesar del rompimiento de la agrupación, Willie Rosario continúo su camino. Se lanzó a la búsqueda de nuevos talentos y reunió a una nueva plantilla de músicos, que vivieron la nueva etapa en la historia de su orquesta.

---

[37] Bobby Valentín. Entrevista por el autor. 19 de agosto 2011. Bogotá, Colombia
[38] Bobby Valentín. Entrevista por el autor. 19 de agosto 2011. Bogotá, Colombia.

Acompañándose de Rudy Martin en el piano, Izzy Feliú al bajo, Luis Rodríguez en la conga, Bobby Valentín en la primera trompeta, "Eddy" Snell en la segunda trompeta, "Tony" Cofresí en la tercera trompeta y "Frankie" Figueroa como cantante, la orquesta de Willie Rosario efectúo la grabación de su primera producción discográfica, *El bravo soy yo*, publicada en 1962 por el sello Alegre. Ese disco dio a conocer al músico y su orquesta en la ciudad de Nueva York, logrando alguna resonancia en Puerto Rico, Panamá, Colombia y Venezuela.

Orquesta de Willie Rosario en el Panamerican Casino, Nueva York.
Fotografía: Archivo de Willie Rosario

1963

El bravo soy yo – Willie Rosario

(Alegre Records)

1. Buscando guaguancó
2. Eres todo para mí
3. Dame tu amor morenita
4. Déjame estar contigo
5. Lágrimas negras
6. Mereces que te quiera
7. Guaguancó bonito
8. Díselo a él
9. El bravo soy yo
10. Te amo en silencio

El repertorio del disco *El bravo soy yo* incluye cinco composiciones de Rosario, los sentidos boleros 'Déjame estar contigo' y 'Mereces que te quiera' y los sabrosos 'Buscando guaguancó', 'El bravo soy yo' y 'Dame tu amor morenita', este último dedicado a su esposa, Ada.

También aparecen 'Lágrimas negras', pieza emblemática del guitarrista y compositor cubano Miguel Matamoros; 'Te amo en silencio', del percusionista boricua "Moncho Leña"; 'Guaguancó bonito', tema de Tito Rodríguez; y el sentido bolero 'Eres todo para mí', del destacado compositor mexicano y creador de música para más de un centenar de películas, Luis Demetrio.

"Frankie" Figueroa, quien realmente había empezado su carrera como percusionista y no como cantante, se había establecido en los Estados Unidos desde 1959 y había trabajado con varias agrupaciones, entre ellas la de "Moncho Leña", la de "Paquito" López Vidal y la de Carlos Pizarro, hasta que Willie Rosario advirtió sus cualidades interpretativas y le ofreció ser el cantante oficial de su orquesta.

«En una ocasión, yo lo vi cantando un bolero y un merengue con la orquesta de Carlos Pizarro y me di cuenta de que tenía unos recursos vocales increíbles. Cuando le hice la propuesta, me dijo que él no era cantante, que era percusionista, pero luego aceptó y se integró.»[39]

Lanzamiento del LP El bravo soy yo.
Fotografía: Archivo de Willie Rosario

[39] Willie Rosario. Entrevista por el autor. 11 de junio 2016. Puerto Rico.

1964

El Manicero - The Alegre All Stars Vol. 2

(Alegre Records)

1. Peanut Vendor
2. El cuento del sapo
3. Consuélate
4. El Sopón
5. To be With You
6. Bombé en la Luna

Músicos:

Charlie Palmieri: Piano
"Kako" Bastar: Timbales
José "Chombo" Silva: Saxofón tenor
Joe Quijano: Bongó
"Bobby" Rodríguez: Bajo
Pedro "Puchi" Boulong: Trompeta
Mark Weinstein: Trombón
Willie Rosario, Frank Malabé: Percusión
Osvaldo "Chihuahua" Martínez: Güiro
Dioris Valladares, "Willie" Torres,
"Chivirico" Dávila,
Elliot Romero, Víctor Velázquez: Cantantes y coro
"Al" Santiago: Producción

1964
Way Out - The Alegre All Stars Vol. 4
(Alegre Records)

1. Manteca
2. Porqué
3. El Guajiro de Cunaguá
4. Los Dandies
5. No tienes por qué criticarme
6. Ensayo Pa'la luna
7. Se acabó lo que se daba

Músicos:

Charlie Palmieri: Piano
"Bobby" Rodríguez, Roy Colindres: Bajo
Luis "Chucky" Pérez: Bongó
"Frankie" Malabé, "Kako" Bastar , "Tommy" López: Congas
"Kako" Bastar, Orlando Marín: Timbal
Willie Rosario, Juliano Feliciano Mercerón: Percusión
Rod Sánchez: Saxofón alto
José "Chombo" Silva: Saxofón tenor
Pedro "Puchi" Boulong, "Ray" Maldonado: Trompeta
"Chamaco" Ramírez, Dioris Valladares,
Víctor Velázquez, "Willie" Torres,
"Yayo el Indio" Peguero: Vocalistas
"Al" Santiago: Producción

Posteriormente, Willie Rosario suscribió un contrato con la compañía discográfica BMC Records con la que grabó los álbumes *Fabuloso y fantástico* (1966) y *Latin jazz go go go* (1967), teniendo como vocalistas a "Frankie" Rodríguez y "Paquito" de Jesús, respectivamente.

El cantante "Frankie" Figueroa recuenta como Willie Rosario, desde sus primeros años, tuvo una visión de músico integral: «Él estaba pendiente de todos los detalles. Recuerdo que los uniformes de la orquesta eran impecables. Incluso, me decía que me abrigara bien para cuidar mi garganta, siempre estaba muy pendiente de sus músicos. Yo le debo mucho a Willie Rosario por sus enseñanzas, esas que me llevaron por el buen camino».[40]

Pero "Frankie" Figueroa no se mantuvo por mucho tiempo con el grupo. Prontamente se vinculó a la orquesta de César Concepción y, luego, se integró como vocalista de la orquesta de Tito Puente, en la que permaneció durante veintitrés años.

---

[40] "Frankie" Figueroa. Entrevista por el autor. 21 de febrero 2018.

1965
Fabuloso y Fantástico – Willie Rosario
(BMC Records)

1. Wobbly Blues
2. Los generales de la capital
3. Quédate en tu tierra
4. A Villa Palmeras
5. Nos engañó la vida
6. "Yayi's" Instant Mambo
7. Yenye
8. Me voy para el bonche
9. Triunfó el amor
10. El charlatán
11. Mayimbe
12. Bailan guaguancó

1967
Latin Jazz Go Go Go – Willie Rosario
(BMC Records)

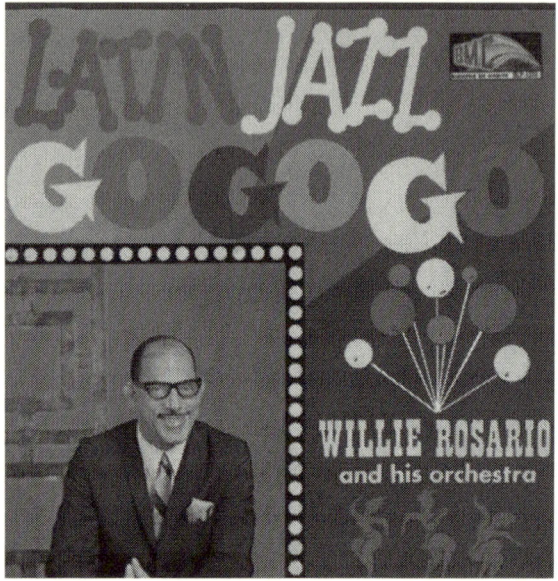

1. El conjunto llegó
2. Anabacoa
3. Pensando en tu amor
4. Soy guajiro
5. Vendré por ti
6. Flip Flop
7. Monina y Ramón
8. Mambo nuevo
9. Jugué y perdí
10. Afro cha
11. Why Not Me?
12. Isora Club

Latin jazz go go go contó con la participación de la cubana Linda Leida, como cantante invitada en el tema 'Afro chá', inspiración de Lou Pérez. Los demás temas, vocalizados por "Paquito" De Jesús, fueron: 'El conjunto llegó', de la pluma de Basilio Rivera; 'Anabacoa', del exitoso binomio dominicano Damirón y Chaposeux; 'Soy guajiro', un son montuno grabado por el Conjunto Casino, en 1957, original del compositor cubano Idelfonso Salinas. También contiene el famoso tema 'Monina y Ramón', composición de Bobby Valentín, para ese momento trompetista de la orquesta de Willie Rosario, y el tema instrumental 'Isora club' que, aunque en los créditos del disco aparece referenciado con las usadas siglas DRA (Derechos reservados de autor), es un danzón original de la compositora y pianista cubana Juana Coralia López, hermana de los músicos Orestes e Israel López "Cachao". Otros dos temas instrumentales fueron incorporados al álbum: 'Flip Flop' de Arte Azener y 'Mambo nuevo' de José Luis Cruz, así como el merengue '¿Why not me?' de Baby Wood.

Adicionalmente, en la contraportada del disco se incorporó un texto firmado por Tito Puente, donde expresaba:

«Uno de los placeres más grandes que he experimentado en vida, lo tuve cuando se me ocupó para que escribiera estas notas acerca de un gran músico, su nombre: Willie Rosario. Buen compositor y un gran director, poseedor de uno de los más sólidos conjuntos en la América, y sin lugar a duda, el mejor conjunto de trompetas de la ciudad de Nueva York. En este álbum podrán notar ustedes, en cada arreglo y en cada compás, el sonido estándar de trompetas y ritmo de Willie Rosario. Sonido estándar que es diferente porque Willie Rosario mezcla lo típico con el jazz para así llegar mejor al corazón de sus fanáticos. Con este álbum titulado: *Latin jazz go go go* los buenos bailadores estarán de plácemes, ya que este álbum es lo suficientemente variado. Consideramos este álbum como la combinación perfecta jamás producida por Willie Rosario».[41]

---

[41] Contraportada del álbum *Latin Jazz Go Go Go* (BMC Records). Texto escrito por Tito Puente.

Fotografía: Archivo de Willie Rosario

Los primeros afinques

Hacia finales de la década de 1960, una generación de músicos provenientes de East Harlem, del sur del Bronx y de algunos sectores de Brooklyn, empezaron a fusionar música tradicional cubana, especialmente la guajira, con elementos provenientes del *rhythm and blues*, el *soul*, el *jazz* y el *funk*, para concebir lo que se conoció como el *boogaloo*, expresión musical de convergencia para las influencias latinas y estadounidenses, que además, representó un definitivo, aunque cortísimo período, que hoy puede llegar a identificarse como la etapa "pre-salsa".

En esa fase de transición musical, que puso fin a la célebre época del famoso Palladium y las *big bands*, se dieron las condiciones para la incursión de otras agrupaciones que comenzaron a ganar popularidad por la difusión del *boogaloo*, la tercera expresión musical —después del mambo y la pachanga— popularizada por los latinos asentados en los Estados Unidos, antes de que el concepto "salsa" se estableciera de manera definitiva en el panorama musical.

El *boogaloo* pronto impactó al público bailador, a través de las grabaciones del Sexteto de Joe Cuba, Héctor Rivera, Joey Pastrana, Joe Bataan, Richie Ray, Pete Rodríguez, Ralph Robles, New Swing Sextet, Johnny Colón y The Lebrón Brothers, entre muchos otros. De modo que esa expresión musical intercultural rápidamente conectó con la mayor parte de la juventud residente en Nueva York, perteneciente a la segunda generación de boricuas en la Gran Manzana, que quedaron cautivados por la frescura del ritmo y el uso del bilingüismo, a través de la utilización del recurso del *spanglish*[42] en sus letras.

---

[42] Según Oxford, el *spanglish* es una variedad lingüística en la que se mezclan elementos (especialmente, léxicos y morfológicos) de las lenguas española e inglesa, que hablan algunos hispanos de los Estados Unidos de América.

Ante ese creciente fenómeno, en 1968, Willie Rosario firmó un nuevo contrato de grabación, esta vez con el sello Atlantic Records. Este acuerdo trajo como resultado la publicación de la placa *Boogaloo & guaguancó,* que contó con la participación del cantante puertorriqueño Adalberto Santiago.

La voz de Adalberto es la que mejor identifica el sonido de la orquesta de Ray Barretto, ya que permaneció en ella desde 1967 hasta 1972 -sin mencionar las veces en las que fue cantante invitado- y en la que quedaron registrados los principales éxitos de la orquesta del denominado "Manos duras". No obstante, es necesario precisar que antes de que Adalberto Santiago se integrara a la orquesta de Barretto, ya este había realizado una salida internacional con Willie Rosario, además de haber hecho parte de una producción discográfica con el Rey del ritmo.

Adalberto, quien inicialmente fue bajista, había viajado a la ciudad de Nueva York en el año 1956, como parte de la orquesta de "Chuíto" Vélez, pero había retornado a Puerto Rico para poder concluir la escuela superior. Al año siguiente regresó a la Gran Manzana, ya no solo trabajando en distintos clubes, sino también efectuando grabaciones con "Chuíto" Vélez y "Willy" Rodríguez.

«Willie Rosario me propuso grabar con su orquesta, parece que el cantante que tenía no era guarachero, entonces, yo acepté encantado. Fue una tremenda oportunidad. Grabé con la orquesta de Willie Rosario el tema 'Viento en popa' y pegó muy bien en Venezuela. Por esa razón, ese fue mi primer viaje internacional, ahí me sentí más desenvuelto porque ya no tocaba el bajo, solo cantaba. Esa experiencia fue muy agradable para mí, porque pude exhibirme bailando y cantando.»[43]

---

[43] Adalberto Santiago. Entrevista por el autor. 13 de marzo 2015. Puerto Rico.

De todas maneras, Adalberto Santiago tampoco permaneció mucho tiempo en la orquesta de Willie Rosario; la oferta brindada por Ray Barretto en ese 1966, tras la recomendación de dos músicos de su colectivo, el timbalero Orestes Vilató y el trompetista Roberto Rodríguez, derivó en la vinculación del cantante con la orquesta de Barretto.

El álbum *Boogaloo & Guaguancó*, realmente, tuvo un repertorio variado. De hecho, los tres únicos temas de *boogaloo* incluidos fueron 'Light and Sweet', compuesto por José L. Cruz, 'Taste of Honey' de Bobby Scott y Rick Marlow (tema famoso, además, por las versiones que hicieran The Beatles en 1963 y Herb Alpert en 1965) y 'Watusi boogaloo', compuesto por el propio Rosario para la ocasión.

También figuran el bolero 'Nueva vida', perteneciente al cancionero popular cubano, escrito por la triunfante dupla de letristas Giraldo Piloto y Alberto Vera; 'Mi chamaco', de Louie Ramírez y 'Cuca la loca', del cantautor y percusionista cubano Antar Daly, respectivamente. El disco abre con una versión de 'My favorite things', del musical *The Sound of Music* (traducido al español como *La novicia rebelde*), cuya interpretación instrumental empezó a ser obligatoria después de ser convertida en éxito del *jazz* en 1960, por John Coltrane.

1968

Boogaloo & Guaguancó - Willie Rosario y su Orquesta
Atlantic Records (ATCO)

1. My favorite things
2. Watusi boogaloo
3. Frutas de mi país
4. Nueva vida
5. Cuca la loca
6. Taste of honey
7. Viento en popa
8. Light and sweet
9. Mi chamaco
10. La chica del barrio obrero
11. Sé que volverás
12. Stop and go

El compositor boricua Roberto Angleró Pepín recordaba la manera en que dos composiciones suyas quedaron incluidas en *Boogaloo & Guaguancó*:

> «Willie estaba en Nueva York y me escribió una carta solicitándome un par de composiciones, porque estaba listo para grabar una nueva producción. Hablamos luego por teléfono y yo le canté 'Viento en Popa' y 'Frutas de mi país', que anteriormente me la había grabado "Johnny el Bravo", y ambas canciones las incluyó en ese álbum.»[44]

Otros temas seleccionados para el álbum fueron: 'La chica del barrio obrero', del compositor boricua Raúl Marrero, y 'Sé que volverás' de José L. Cruz.

Para ese tiempo, Willie Rosario continuaba alternando su quehacer como director de orquesta con su trabajo como locutor de radio. Así lo rememora su esposa Ada: «Su *show* de radio era muy ameno, tenía una audiencia muy grande. Como Willie es tan dedicado, logró hacer ambos trabajos con el mismo profesionalismo».[45] También Maritza, la mayor de las hermanas Rosario Domenech, recuerda:

> «No pude escucharlo en la radio porque yo estaba muy pequeña y el programa era muy tarde en la noche. De ese tiempo, si recuerdo que lo veía con un lápiz en la boca haciendo sus ejercicios para mejorar la dicción. Constantemente tenía un diccionario a la mano, para así ampliar su vocabulario. Mucha gente no sabe que es un gran lector. Papá es un hombre estricto, pero muy cariñoso. Siempre estuvo enseñándonos el valor de la honestidad y concientizándonos que la educación era lo mejor que nos podía brindar.»[46] Por su parte, su hija Elizabeth a quien siempre llaman "Lyza", también se

---
[44] Roberto Angleró Pepín. Entrevista por el autor. 11 de marzo 2016. Puerto Rico.
[45] Ada Lydia Domenech. Entrevista por el autor. 21 de julio 2018.
[46] Maritza Rosario Domenech. Entrevista por el autor. 28 de abril 2018.

refirió a esta etapa:

> «Es un padre muy amoroso, muy sobreprotector. Él quiso que no pasáramos sufrimientos de ninguna índole. Proteger el nombre de la familia siempre es sumamente importante para él, pero toda esa enseñanza nos la impartió, a nosotros sus hijos, con amor. Ahora hace lo mismo con sus nietos. Como mi papá trabajaba en las noches y mi mamá de día, recuerdo que papi nos cuidaba. En la mañana lo primero que había era un beso y un abrazo; hasta nos peinaba a nosotras, las nenas. Camino a la escuela, nos agarraba de la mano en la calle para cuidarnos. A medida que íbamos creciendo, venían las enseñanzas de honestidad, de hacer las cosas correctas.»[47]

Los detalles que ofrece la familia del músico dejan sin piso esa desacertada idea de que ser un dedicado padre de familia y un eficiente trabajador, es algo que no puede darse a la vez en el plano de la realidad. Sin duda, Willie Rosario, estableció sus prioridades y prestó continuamente atención a lo esencial de la vida: «Siempre he tratado de ser un papá que ha respondido, no solamente en las cosas materiales, también en las afectivas».[48]

Por eso sus hijos solo tienen palabras cariñosas para Willie: «Aunque trabajaba mucho mientras estábamos creciendo, siempre estuvo muy presente. Él es un papá que da consejos muy buenos. Es muy sabio. Yo pienso que él quiso vivir con sus hijos algo completamente opuesto a lo que a él lo tocó con su padre», reflexiona María de los Ángeles, "Angie", la hija menor del matrimonio Rosario.

«Lo que más admiro de él es que estando en ese ambiente tan difícil, donde hay alcohol y drogas, supo mantenerse siempre íntegro. Me encanta que mi papá mantiene una

---
[47] Elizabeth Rosario Domenech. Entrevista por el autor. 19 de mayo 2018.
[48] Willie Rosario. Entrevista por el autor. 11 de junio 2016. Puerto Rico.

relación con Dios muy especial, es muy católico, es una persona creyente. Tiene una conexión con Papá Dios muy bella, eso a mí me llena mucho»,[49] concluye "Angie".

Orquesta de Willie Rosario en Nueva York.
Fotografía: Archivo de Willie Rosario

---

[49] María de los Ángeles Rosario, "Angie". Entrevista por el autor. 14 de julio 2018.

El cantante dominicano Alberto Beltrán fue conocido artísticamente como "El negrito del batey", debido a la amplia difusión de un merengue con letra de Héctor J. Díaz y música de Medardo Guzmán, inspirado en la figura de "Joseíto" Mateo y creado para que él mismo lo interpretara, pero que, por distintas razones, terminó siendo popularizado por Beltrán con la Sonora Matancera[50], agrupación con la que se mantuvo activo desde 1947 hasta 1958.

Antes de integrarse a la Matancera, conjunto dirigido por el guitarrista Rogelio Martínez y con el que Beltrán grabó un total de ocho temas, ya había trabajado con The Dominican Boys y con los Diablos del Caribe, agrupación dirigida por el tresero y compositor boricua Mario Hernández. Con ese interesante recorrido, Alberto Beltrán llegó a Nueva York en 1966, para ofrecer distintos espectáculos, hasta que la empresa discográfica BMC se empeñó en realizarle una producción.

El álbum englobó los temas 'María morena', 'Por el ojo de la cerradura' y 'No seas así', de la firma del compositor venezolano Luisín Landáez, recordado por ser uno de los responsables de la penetración de la cumbia en Chile.

También figuran 'Quiero saber' y 'Todo lo que sé', de la pluma del destacado compositor mexicano Alberto Videz; 'Taboga', de la autoría del compositor panameño Ricardo Fábrega; 'Libre de pecado', del cantautor cubano Nelson Navarro, memorable por sus participaciones con las orquestas de los Hermanos Castro y la de Nelo Sosa; 'No me interesa', del cantautor cubano Rafael Colón, conocido

---

[50] Conjunto Sonora Matancera. Agrupación musical de extensa trayectoria, conocida internacionalmente como "El decano de los conjuntos cubanos". Se fundó en Matanzas, Cuba en 1924 con el nombre de Tuna Liberal por iniciativa del tresero Valentín Cané. Luego en 1926 cambió su nombre al de Septeto Soprano. El 12 de enero de 1927, con el nombre de Estudiantina Sonora Matancera, se traslada para La Habana y toma el nombre definitivo de Conjunto Sonora Matancera, tras el ingreso de Rogelio Martínez, quien más adelante se convertiría en su segundo director. Además de Alberto Beltrán, la Sonora Matancera tuvo como cantantes a: Bienvenido Granda, Bobby Capó, Carlos Argentino, Celia Cruz, Celio González, Daniel Santos, Justo Betancourt, Linda Leida, Myrta Silva, Nelson Pinedo y Vicentico Valdés, entre muchos otros.

artísticamente con el mote de "Espiga de ébano"; 'Fiesta cibaeña', pieza original del renombrado acordeonista y prolífico compositor dominicano Antonio "Toño" Abreu; y el tema 'Haida huo', una guaracha haitiana, sin autor atribuido, que ganó gran popularidad en Suramérica, especialmente en Colombia, luego de la reedición del álbum en 2001, por parte de West Side Latino Records[51].

«La compañía contrató al cantante Alberto Beltrán y me pidieron que mi orquesta lo acompañara en ese disco. Todos los arreglos de la producción son de Bobby Valentín. La grabación quedó de buen nivel. El hecho de que ese nombre (Alberto Beltrán) estuviera asociado con la orquesta resultaba muy favorable para mí»[52], recuerda Willie Rosario.

---

[51] Sello subsidiario de West Side Latino Records Corp., con sede en la ciudad de Nueva York que publica música latina y generalmente se muestra como sucesor del sello West Side.
[52] Willie Rosario. Entrevista por el autor. 11 de junio 2016. Puerto Rico.

1968
<u>Alberto Beltrán con la Orquesta de Willie Rosario</u>
(BMC Records)

1. Quiero saber
2. María morena
3. Libre de pecado
4. Taboga
5. Por el ojo de la cerradura
6. Cambia el tumbao
7. Haida huo
8. No me interesa
9. No seas así
10. Luego despertar
11. Todo lo que sé
12. Fiesta cibaeña

El bravo de siempre

«Este es un negocio de nombre. Si no tienes nombre, puedes poseer la mejor agrupación del mundo, pero se te hace un poco difícil. Para hacer un nombre hay que luchar mucho, ser constante y tener voluntad».[53]

Con esta declaración, Willie Rosario pone en evidencia las distintas dificultades que tuvo que sortear para lograr establecerse como el líder de una de las instituciones salseras de mayor relevancia y respeto internacional.

Fue precisamente antes de concluir 1968, un año muy productivo para el timbalero en materia discográfica, que realizó la grabación del álbum *Two Too Much*, donde reapareció la participación del cantante "Frankie" Figueroa junto a la de los vocalistas "Pete" Bonet y "Willie" Torres.

Two Too Much marcó un antes y un después en el sonido de la orquesta de Rosario. A partir de esta producción, su banda comenzó a establecer un sello sonoro que se ha mantenido vigente.

«En un principio, no sabía exactamente lo que estaba buscando. Comencé a explorar posibilidades, pensé en agregar un trombón, pero rápidamente me di cuenta de que casi todas las orquestas empezaron a usar trombones. Luego pensé usar una flauta o un violín, incluso llegué a considerar el uso de un clarinete combinado con el sonido de las cuatro trompetas de la orquesta».[54]

Por esa época, Willie Rosario colaboró temporalmente con la banda del flautista Herbie Mann. A través de ese trabajo, Rosario pudo admirar de cerca la destreza artística

---
[53] Willie Rosario. Entrevista por el autor. 11 de junio 2016. Puerto Rico.
[54] Willie Rosario. Entrevista por el autor. 13 de marzo 2015. Puerto Rico.

del saxofonista, compositor y arreglista Gerry Mulligan[55], uno de los músicos de *jazz* más importantes de la última mitad del siglo XX. Esa experiencia marcó un punto crucial para Rosario, ya que le permitió comprender que la inclusión del saxo barítono podía darle un elemento diferenciador al sonido de su orquesta.

«Entré al grupo de Herbie Mann no para quedarme ahí. Estuve tres meses porque el timbalero era "Willie Bobo" pero él se había mudado a California. […] Fuimos a tocar al club Blue Note. Esa noche alternamos con Gerry Mulligan. Durante su actuación noté que él con su saxofón reforzaba los pasajes que hacían el bajo y el piano. Ahí me dije: <esto es lo que yo estoy buscando para el sonido de mi orquesta>. Le consulté la idea a Bobby Valentín y, aunque inicialmente me expresó que ese planteamiento sonaba un poco raro, luego pudo llevarse a cabo porque Bobby lo acomodó muy bien.»[56]

Esa sugerencia de armonizar el barítono con las trompetas para fortalecer los *riffs* de piano y bajo con el saxo barítono durante los mambos de los temas, resultó ser una fórmula muy efectiva. Si bien el saxofón barítono, instrumento tan propio del *jazz* con su particular sonido grave, ya se utilizaba en la estructura de las bandas grandes, nunca había tenido un papel predominante dentro de las formaciones de salsa.

La incorporación del saxo barítono en combinación con cuatro trompetas en la sección de vientos, integrados de manera magnífica con el carácter rítmico comandado por

---

[55] Gerry Mulligan. Gerald Joseph Mulligan. 6 de abril 1927. New York, Estados Unidos - 20 de enero 1996. Connecticut, Estados Unidos. Mulligan dominaba también el saxo soprano, el saxo tenor, el clarinete y el piano. Trabajó con inmortales figuras del *jazz* como Louis Armstrong, Count Basie, Lester Young, Duke Ellington, Miles Davis, Jack Teagarden, Dave Brubeck, Astor Piazzolla y Billie Holiday. De su abundante discografía se destacan tres etapas: su participación en el Noneto Capitol con Miles Davis y Gil Evans recogidas en el disco: Birth of The Cool en 1949; las grabaciones en cuarteto con el trompetista Chet Baker en los años cincuenta y recogida en el álbum: *Gerry Mulligan Quartet with Chet Baker*; y su etapa en la Concert Jazz Band de mediados de los años sesenta y su álbum *Gerry Mulligan '63 The Concert Jazz Band*.

[56] Willie Rosario. Entrevista por el autor. 13 de marzo 2015. Puerto Rico.

Rosario, dio paso a un concepto sonoro hasta ese momento no explorado, pero claramente distinguible. Esa concepción quedó materializada por primera vez en el álbum *Two Too Much* de 1968.

1968
Two Too Much - Willie Rosario and His Orchestra.
Featuring: "Frankie" Figueroa
(West Side Latino Records)

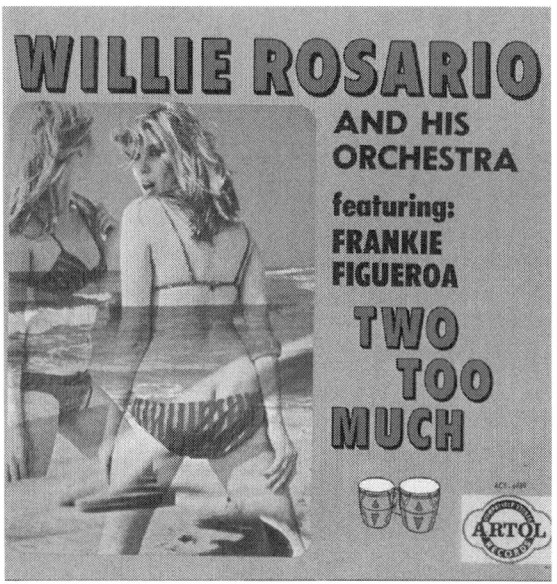

1. Let's Boogaloo
2. Yo soy abacua
3. Shining knight
4. Y quiero verte
5. Calypso Blues
6. Let's have a love-in
7. Todo se olvida
8. Que humanidad
9. Corazón abandonado
10. Babalu's Boogaloo

«Fui el primero que sacó el barítono de una sección de *big band*. Fue una decisión muy acertada, y ocurrió porque estaba buscando darle un sonido diferente a la orquesta».[57]

Mario Rivera[58] -quien trazó una brillante carrera como instrumentista de insignes figuras de la era del mambo, como la Orquesta de Machito, la de Tito Rodríguez, y las variadas formaciones dirigidas por Tito Puente- fue el primer músico en grabar el saxo barítono en una producción discográfica de la orquesta de Willie Rosario. Los demás músicos que participaron en *Two Too Much* fueron: Alfredo Rodríguez (piano); "Bobby" Rodríguez (bajo); Larry Spencer, Larry Expósito, Larry Moser, "Ray" Maldonado (trompetas), "Ray" Armando (congas), "Chu" Del Río (bongó), y las voces de: "Frankie" Figueroa, "Pete" Bonet, "Willie" Torres y "Bobby" Marín.

«Los primeros arreglos cuando Willie cambió esa instrumentación, se los realicé yo. Después se incorporaron varios arreglistas como Louie Ramírez, Luis Cruz, José Febles, José Madera y otros más, que apoyaron ese estilo. Lo que sucede es que Willie siempre ha tenido un gusto increíble para escoger los temas y para forjar el sonido de su grupo. A él le gusta que todo salga lo más perfecto posible y eso me gusta mucho, eso nos ha servido de ejemplo a muchos»[59] relata Bobby Valentín, trompetista de la orquesta de Willie Rosario hasta su acople con la orquesta de Tito Rodríguez, ejecutando el trombón de pistones en la grabación *Tito Rodríguez and his Orchestra en Puerto Azul Venezuela*.

---

[57] Willie Rosario. Entrevista por el autor. 11 de junio 2016. Puerto Rico.

[58] Mario Antonio Rivera Manzanillo. 22 de julio de 1939, Santo Domingo, República Dominicana - 10 de agosto de 2007, Nueva York, Estados Unidos. En su trayectoria musical, llegó a dominar más de 20 instrumentos y a participar en más de 600 grabaciones. La única producción conocida de Mario Rivera, en calidad de líder, se publicó en 1994, bajo el sello Grovin High, con el título *El Comandante*, un homenaje al gran maestro del saxofón "Tavito" Vásquez.

[59] Bobby Valentín. Entrevista por el autor. 28 de diciembre 2017. Cali, Colombia.

«Surgió la oportunidad de trabajar con la orquesta de Tito Rodríguez, entonces me senté a conversar con Willie, le consulté que opinaba él de lo conveniente que pudiera resultar esa oportunidad. Inmediatamente Willie me dijo: <Agárrala, porque no a todo el mundo se le ofrece. Tómala>. Willie siempre ha sido una persona con la que se puede dialogar»[60] expresa Bobby Valentín.

El trabajo musical de Willie Rosario prosiguió con la producción *El bravo de siempre*, publicada en 1969, luego de perfeccionar un contrato con Inca Records, compañía discográfica fundada en Puerto Rico por el empresario cubano Jorge Valdés, y que con el tiempo también se convirtió en subsidiaria de Fania.

Fue por esa época que se vinculó a la orquesta de Rosario el sonero panameño Miguel Ángel Barcasnegras, artísticamente conocido con el mote de "Meñique", quien apenas en el mes de abril de 1968 había arribado a la ciudad de Nueva York como miembro del Combo de "Kako" Bastar.

Unos meses antes de unirse a la orquesta de Willie Rosario, "Meñique" había grabado con "Kako" *Sock it to me latino*, un disco producido por "Al" Santiago. También había participado en el que fue el álbum póstumo del legendario tresero cubano Arsenio Rodríguez, la placa *Arsenio dice*.

«Yo llevaba varios meses como cantante de la orquesta de Tito Puente, esa orquesta tocaba los siete días a la semana en distintos clubes. Los fines de semana, incluso se hacían dos o tres bailes en una sola noche, pero como yo apenas estaba empezando en Nueva York, no tenía vehículo y tampoco conocía la ciudad, eso hacía que se me presentaran muchos obstáculos para hacer el trabajo. Le dije a Puente que me iba y él me dijo que las puertas quedaban abiertas.»[61]

---

[60] Bobby Valentín. Entrevista por el autor. 28 de diciembre 2017. Cali, Colombia.
[61] Miguel Ángel Barcasnegras, "Meñique". Entrevista por el autor. 29 de diciembre 2016. Cali, Colombia.

Adicionalmente, por ser ciudadano extranjero "Meñique" requería visado, y estaba por cumplírsele el tiempo para la renovación del documento. De manera que, si este deseaba permanecer en los Estados Unidos, era necesario que viajara a su natal Panamá, para normalizar su situación migratoria.

«A las semanas, cuando regresé a Nueva York, Willie Rosario consiguió mi número telefónico, y entonces nos reunimos a cenar en un sitio y allí me hizo la propuesta de cantar en su orquesta. Rápidamente nos pusimos de acuerdo. Me llamó la atención su oferta, porque Willie trabajaba en los clubes apenas los fines de semana. En esa misma conversación me mencionó que iba a comenzar una grabación y que le gustaría que yo grabara un par de temas. Aproveché entonces para decirle que yo no me consideraba un compositor, pero que tenía escritos algunos números muy discretos. Luego de que los escuchó, Willie se los llevó en un *cassette*.»[62]

Uno de esos temas, cuyo coro reza: «¡Si subes a la cuesta de la fama, cuídate de un resbalón!», se convertiría en un clásico del repertorio de Willie Rosario, por su carácter social. Inspirado en el éxito y el fracaso, es una aproximación de la vivencia de algunos artistas famosos, que luego de ser exitosos vieron caer sus carreras.

«Me llamó la atención que en el Bronx había muchas calles en subida y en bajada. Un día cualquiera, iba con la que era mi esposa en aquel tiempo, y le pregunté: <cuándo aquí cae nieve, los automóviles que están estacionados en la acera, ¿no se resbalan hacia abajo?> Y ella me dijo: <sí, ha sucedido muchas veces, los autos se resbalan y van chocando.> »[63]

---

[62] Miguel Ángel Barcasnegras, "Meñique". Entrevista por el autor. 29 de diciembre 2016. Cali, Colombia.
[63] "Meñique". Entrevista por el autor. 9 de febrero 2018.

«Cuando llegué a casa empecé a escribir el tema sobre esa escena, pero luego me vino una nueva idea, que fue la que quedó plasmada en la letra de la canción, porque ya había visto en Nueva York a varios artistas que habían luchado mucho para hacerse famosos, habían subido la cuesta del éxito y habían llegado a la cima, pero luego que estaban allí, les pasaba lo mismo que a los vehículos, comenzaban a resbalarse y se estrellaban contra el piso y ya no cantaban más. Reflexionando en torno a esos artistas que dieron el mal paso y se desviaron del camino fue que me basé para ponerle la letra a 'La cuesta de la fama'»,[64] relata "Meñique".

El repertorio del álbum *El bravo de siempre*, cantado casi en su totalidad por el sonero panameño, fue complementado por las piezas 'Campanero' y 'La esencia del guaguancó', ambos de la pluma de "Tite" Curet Alonso. Según recuerda Rosario:

«Mientras yo vivía en Nueva York, acostumbraba a leer una columna que don "Tite" escribía en un periódico local, reseñando espectáculos y artistas. En un viaje que hice a Puerto Rico, pude conocerlo personalmente. "Tite" me esperó en el aeropuerto y me llevó a su casa. Allí cenamos y hablamos de música, me entregó un par de números. Recuerdo que estaba 'Campanero', 'Barrunto' y 'La esencia del guaguancó'. Pasó el tiempo, y cuando me llegó el momento de grabar, sentí que 'Barrunto' era un muy buen tema, pero no se ajustaba al estilo del grupo. Entonces decidí que solo iba a grabar 'La esencia del guaguancó'. Luego de que hicimos la grabación, el señor Pedro Páez, uno de los dueños de la compañía Inca, acababa de regresar de Puerto Rico y mientras escuchábamos lo que yo había grabado, me dijo: <ese tema está pegado en la isla, pero por Johnny Pacheco y Pete "El Conde" Rodríguez.> (…)

---

[64] "Meñique". Entrevista por el autor. 9 de febrero 2018.

Entonces me sentí un poco angustiado, porque yo tenía mucha fe en ese tema.»[65]

Esa fue la razón por la que 'La esencia del guaguancó' con el respaldo de la discográfica Fania, se hizo conocida masivamente en versión de Johnny Pacheco y Pete "El Conde" Rodríguez, y el motivo por el que quedó un tanto relegada la versión de la orquesta de Willie Rosario, cuyo arreglo fue encargado al trompetista dominicano Héctor de León Cabeza. Por contraste, la pieza 'Barrunto' fue grabada por el exitoso binomio conformado por el trombonista Willie Colón y el cantante Héctor Lavoe en el álbum *La gran fuga* de 1970.

Para concluir el repertorio, se incorporó el son montuno 'Ñico Cadenón' de Antonio Valdés; 'La realidad', un guaguancó inspiración de "Justi" Barreto y un son cha cha chá de Bobby Capó titulado 'Bésame la bembita'. También se incluyeron: 'Superman', una composición del cubano Eugenio Arango "Totico" -originalmente titulada 'En el callejón', que había aparecido dos *años* antes en el álbum *Patato y Totico*- y la guaracha 'El bravo de siempre' -autoría del propio Willie Rosario- que suministró el título de la producción.

Los temas interpretados en idioma inglés que se incluyeron en el álbum 'By the time I get to Phoenix' (Jimm Webb) y 'Black magic' (Mercer-Atlen), corrieron a cargo del vocalista afroamericano Troylang. Sin duda, la punta de lanza fue 'La cuesta de la fama'. El tema se mantuvo por once semanas en el número uno del *hit parade* de Puerto Rico.

«En una ocasión, Tommy Olivencia vio a "Meñique" cantando, y entonces me llamó a un lado y me dijo: <óyeme, Rosario, ¡con ese tipo tú no vas para ningún lado, él no canta bien, lo que hace es gritar!> Entonces yo le dije: <Déjalo

---

[65] Willie Rosario. Entrevista por el autor. 11 de junio 2016. Puerto Rico.

tranquilo.> Pasó el tiempo y se pegó el tema 'La cuesta de la fama'. Como Olivencia tenía una compañía en asocio con Rubby Haddock, me llamó porque quería contratar mi orquesta. Curiosamente, en esa conversación fue muy insistente en que tenía que llevar a "Meñique"»[66], recuerda Rosario.

Pero el cantante panameño ya se había marchado de la agrupación para unirse a la orquesta de Tito Puente. De hecho, el paso de "Meñique" por la orquesta de Willie Rosario duró apenas ocho meses.

Tito Puente y Willie Rosario.
Fotografía: Archivo de Willie Rosario

«Tuve que hablar con Tito Puente, para que "Meñique" viajara conmigo a Puerto Rico, para cumplir con la contratación de Olivencia, el mismo que curiosamente me había dicho que "Meñique"era un mal cantante...»[67] (Risas)

---

[66] Willie Rosario. Entrevista por el autor. 11 de junio 2016. Puerto Rico.
[67] Willie Rosario. Entrevista por el autor. 11 de junio 2016. Puerto Rico.

Como resultado de la unión musical de Tito Puente con "Meñique", surgieron los álbumes *Pa'Lante!/Straight!* (1970) y el insuperable *Pa' los rumbero*s (1972).

1969

El Bravo de siempre - Willie Rosario y su orquesta
(Inca Records)

1. El bravo de siempre
2. La esencia del guaguancó
3. Black Magic
4. Soy tan feliz
5. La cuesta de la fama
6. La realidad
7. Superman
8. Bésame La bembita
9. By The Time I Get To Phoenix
10. Ñico Cadenón
11. Campanero

Al año siguiente, ese álbum *El bravo de siempre* cayó en las manos y cautivó los oídos de quien, sin saberlo, se convertiría en el siguiente vocalista de la orquesta de Willie Rosario.

Así lo recuerda Cristóbal Senquis Rivera, el popular cantante nacido en Guayama, Puerto Rico conocido como "Chamaco" Rivera, apodo que se ganó mientras perteneció a la agrupación de "Mike" Hernández por ser el más jovencito del colectivo.

«Pasé a cantar con el New Jersey Swing Combo y como siempre me gustó bailar mucho, fui a un programa de Televisión en el canal 41 de New Jersey y en un concurso me gané un disco bailando salsa. El premio que me dieron fue el álbum que recientemente había hecho la orquesta de Willie Rosario con "Meñique" y con Juan Coronel. Como me gustaba tanto la salsa yo me llevé ese disco a casa y lo escuchaba una y otra vez. Lo escuchaba a tal extremo que me aprendí todos los temas porque en ese tiempo yo estaba explorando como tener una buena interpretación. En ese disco estaban mis lecciones, por eso me aprendí todos esos temas.»[68]

Tres meses después, Rosario y Rivera coincidieron por razones de trabajo en el Bronx Casino. La orquesta de "Mike" Hernández y la de Willie Rosario eran las encargadas de alternar esa noche. Era la época en la que cada orquesta acostumbraba a tocar dos *sets*. Por eso cuando la orquesta de "Mike" Hernández terminó la primera parte del *show*, "Chamaco" se ubicó en el balcón del club para observar atentamente y disfrutar en vivo la música que contenía el disco que escuchaba a diario.

«Cuando la orquesta de Willie empezó a tocar, me di cuenta de que no estaban allí ni "Meñique" ni Juan Coronel, estaba cantando Félix Santini y además no estaban haciendo los temas de su reciente disco, porque al parecer él no conocía ese repertorio»[69], recuerda el cantante.

---

[68] Cristóbal Senquis Rivera, "Chamaco". Entrevista por el autor. 12 de julio 2018.
[69] Cristóbal Senquis Rivera, "Chamaco". Entrevista por el autor. 12 de julio 2018.

Cuando llegó la hora de su segundo *set*, "Chamaco" Rivera notó que Willie Rosario lo observaba atentamente mientras cantaba.

> «(…) cuando bajé de la tarima, Willie Rosario me mandó a buscar con "Papo" Pepín, el conguero de su orquesta en ese tiempo. Entonces tuve el placer de conocer a **Willie**. Nos dimos la mano y me dijo que le gustaba como hacía mi trabajo. En ese momento me preguntó si yo me sabía algunos temas de su orquesta. Yo le dije: <pues maestro, casualmente del último disco suyo, me aprendí tres o cuatro temas.> Entonces me dijo que si me podía subir a la tarima esa noche con él a cantar. Yo estuve de acuerdo y así lo hicimos. Claro, las piernas me temblaban porque el maestro Willie Rosario es una persona muy estricta, pero yo me encargué de que Dios me diera fuerzas para hacer lo mejor posible esa noche. Al terminar, intercambiamos números de teléfono y así comenzó nuestra relación musical.»[70]

A las pocas semanas "Chamaco" Rivera se integró oficialmente a la orquesta de Míster Afinque. Por consiguiente, fue el vocalista que viajó en 1970, a la que fue la primera visita de la Orquesta de Willie Rosario a Panamá, en pleno auge de la dictadura militar que había ascendido al poder dos años antes. Ese periplo es hoy también recordado porque Rosario llevó como corista de su orquesta a Yolanda Rivera, mucho antes de que la sonera de Ponce, se uniera a la orquesta La Terrífica, dirigida por José Rodríguez, y diera su paso definitivo a integrarse con la Sonora Ponceña.

---

[70] Cristóbal Senquis Rivera, "Chamaco". Entrevista por el autor. 12 de julio 2018.

Transcurrieron apenas dos meses para que Willie Rosario le anunciara a "Chamaco" Rivera, que él sería el único cantante de su siguiente producción discográfica.

«En ese momento la compañía Inca estaba presionando a Willie para que hiciera una nueva grabación, entonces él decidió que ya era el momento de pasar al estudio. Tuve el privilegio de grabar los diez temas de su siguiente álbum.»[71]

Willie Rosario y "Chamaco" Rivera.
Fotografía: Archivo de Willie Rosario

---

[71] Cristóbal Senquis Rivera, "Chamaco". Entrevista por el autor. 12 de julio 2018.

Willie Rosario y sus timbales.
Fotografía: Archivo de Robert Padilla

Más ritmo

En el año 1971 salió al mercado *De donde nace el ritmo*, la segunda producción discográfica de la orquesta de Willie Rosario con la compañía Inca Records. Se trata de un álbum que contiene diez temas con arreglos realizados conjuntamente por Louie Ramírez y Luis Cruz que abre con el hoy clásico 'De Barrio Obrero a la 15', una sabrosa guajira-son, inspiración de Trinidad "Trini" Clemente, un joven compositor a quien el trompetista "Bobby" Quesada le había grabado un par de temas y que frecuentemente visitaba a Rosario, insistiendo en lograr ese mismo objetivo.

«"Trini" me traía números constantemente, pero yo encontraba que no encajaban con la esencia del grupo, no era lo que yo estaba buscando. En una oportunidad me dije: <Voy a hacerle un número a este muchacho porque él se ha esforzado bastante y no le he grabado nada.> Entonces, de lo que me presentó, escogí 'De Barrio Obrero a la 15'. Nunca lo imaginé, pero ese ha sido el *hit* más grande que ha tenido mi orquesta»[72], menciona Rosario.

El cantante "Chamaco" Rivera, que registró su voz en el tema, pero quien afirma jamás haber conocido a Clemente, señala:

«Willie tenía ya nueve temas para grabar, pero la compañía le solicitó uno más. Ahí fue que escogió la composición de "Trini", y da la casualidad que ese fue el tema más exitoso, eso está claro para todo el mundo. Ahí fue que nos pusimos bien fuertes en el mapa de la salsa.»[73]

La sencilla, pero a la vez ingeniosa composición de "Trini" Clemente tiene su origen en el servicio de transporte masivo de pasajeros de Puerto Rico, enmarcada en la época

---
[72] Willie Rosario. Entrevista por el autor. 13 de marzo 2015. Puerto Rico.
[73] Cristóbal Senquis Rivera, "Chamaco". Entrevista por el autor. 12 de julio 2018.

del tren, que llegaba por la costa hasta Mayagüez y Ponce, como también en el uso del trolebús, operado por la Autoridad de Transporte de la isla, que decidió enumerar las paradas a lo largo del recorrido, desde la número uno, ubicada en el Viejo San Juan. La parada 15, a la que se refiere el clásico tema, estaba localizada muy cerca de la calle Cerra, en el distrito sanjuanero de Santurce, único fundado en la isla por negros libertos. La Cerra es una calle muy significativa, porque durante el auge de la salsa, en sus alrededores se establecieron las principales emisoras de radio, tiendas de discos y las oficinas de varios directores de orquesta. De hecho, en esa área, se ubicaron las oficinas de la compañía Fania y Viera Discos, como también las oficinas de representación artística de Bobby Valentín y del propio Willie Rosario.

Barrio Obrero - Santurce, Puerto Rico.
Ilustración: Frank Rosado

En Santurce, un área bien poblada, donde la gente caminaba por las calles en medio de un gran movimiento comercial, entre 1920 y 1921 se había establecido el Barrio Obrero como el primer proyecto de vivienda para artesanos y obreros, auspiciado y financiado por la Comisión de Hogares Seguros de la Cámara de Delegados del Gobierno de Puerto Rico. En el Barrio Obrero vivieron destacadas figuras de la música como Felipe Rodríguez, Johnny Rodríguez y su hermano Tito, vecinos de la calle 13, como también los connotados compositores Roberto Angleró y Catalino "Tite" Curet Alonso, cuando este laboraba en la Oficina del Servicio Postal de Estados Unidos en San Juan.

Sin embargo, aunque el coro de la canción de "Trini" Clemente afirma que del Barrio Obrero a la parada 15 *un paso es*, la realidad es que se encuentra bien retirado, y son cientos de pasos. Un detalle que poco importa, ya que prácticamente en todas las ciudades de América Latina existe un barrio obrero y una calle 15, lo que hace que el pueblo se sienta cercano a la canción.

«En Cali, Colombia, por ejemplo, creían que se había hecho para ellos, pero honestamente se refiere al Barrio Obrero de Santurce»[74], explica Rosario.

"Chamaco" Rivera complementa: «Cuando viajé por primera vez a Colombia con Willie Rosario y nos presentamos en el Teatro Jorge Isaacs de Cali, el público se sabía el tema de principio a fin, lo coreaban muy emocionados. Yo desconocía ese detalle, pero hoy entiendo que Dios nos dio doble cabida con el tema, primero en Puerto Rico y luego en Colombia»[75].

---

[74] Willie Rosario. Entrevista por el autor. 13 de marzo 2015. Puerto Rico.
[75] Cristóbal Senquis Rivera, "Chamaco". Entrevista por el autor. 12 de julio 2018.

1971
Willie Rosario – Mr Rhythm / De donde nace el ritmo
(Inca Records)

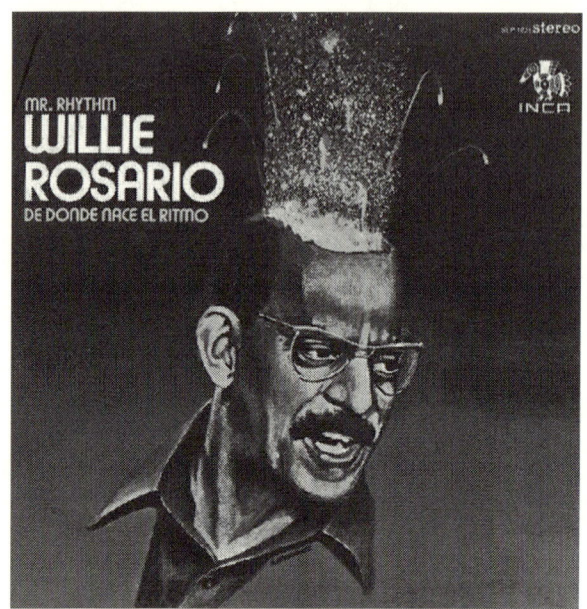

1. De Barrio Obrero a la 15
2. Corazón herido
3. Consorte
4. La fiesta de los Quilinchini
5. La muñeca
6. Yo sé de mí
7. Sin llave y sin candado
8. Negras cenizas
9. El hombre que hable mal
10. La vida

Músicos:

Willie Rosario: Timbales
Alfredo Rodríguez: Piano
Julio Romero: Bajo
Francis Bonny, "Junior" Vega, Héctor Colón, "Tony" Cofresí: Trompetas
"Papo" Pepín: Conga
George "Chu" Del: Bongó
Shel Pullman: Saxo barítono
"Yayo El Indio" y Adalberto Santiago: Coros
Louie Ramírez y José L. Cruz: Arreglistas
"Chamaco" Rivera: Cantante
Willie Rosario: Producción y Dirección Musical

De donde nace el ritmo también incorporó piezas como 'La muñeca', escrita por el guitarrista y compositor cubano Antonio "Tony" Tejera Reinoso[76]; el bolero 'Negras cenizas' de Tito Rodríguez; tres números en tiempo de guaguancó: 'Consorte', 'Sin llave y sin candado' y 'La vida'; como también el son montuno 'El hombre que hable mal'; todos escritos por "Meñique", antiguo vocalista de la orquesta. El repertorio del álbum se completó con dos inspiraciones de Willie Rosario: la guaracha 'Yo sé de mí' y el rumbón 'La fiesta de los Quilinchini'.

El pianista cubano Alfredo Rodríguez compartió apenas un corto tiempo como músico de la orquesta de Rosario, **pero le fue suficiente para participar** en las producciones *De donde nace el ritmo* y *Más ritmo*. En entrevista realizada en 1990, Rodríguez comentó:

> «Él es un hombre muy firme... casi nunca asumió solos. Tiene una manera muy personal de tocar los

---

[76] Antonio Tejera Reinoso. "Tony" Tejera. (23 de junio de 1918. Vueltas, Provincia Villa Clara, Cuba). Compositor y guitarrista graduado del Conservatorio Municipal de La Habana. Debutó en la radio cubana en la CMHW de Santa Clara para luego formar parte del elenco de La Corte Suprema del Arte y tener sus experiencias artísticas actuando con distintas formaciones, entre ellas el Trío Avileño, el Conjunto Caonabo, Luisito Plá y sus Guaracheros.

timbales y se concentra en el sonido de la orquesta; la sección de vientos es firme, la sección de ritmo es firme. Él no es el tipo espectacular que hace todo tipo de cosas en los timbales. Se mantuvo alejado de esta manera del principio al fin, es su marca de fábrica.»[77]

Rodríguez se refiere al concepto musical desarrollado por Willie Rosario, caracterizado por el trabajo colectivo, sin protagonismos del líder, donde se cuida al detalle la marcha del ritmo para deleitar al público bailador. El timbalero lo expresa con estas palabras:

«Lo que pasa es que cuando yo tocaba para otros grupos en Nueva York, hice muchísimos solos en el timbal, pero por más solos y por muy buenos que hiciera, noté que en el mejor de los casos yo lograría ser un segundo, porque el número uno era Tito Puente. No quise irme por esa línea, porque mi abuelo me dijo una vez que tratara de ser el primero en lo que me ocupara. Por eso preferí tener una orquesta bien compacta para el disfrute del bailador. No quise optar por una orquesta que girara alrededor mío, donde yo fuera la estrella, preferí un modelo donde todos aportan, empezando por mí. Si hubiese seguido haciendo solos de timbal, nunca me hubiesen llamado El Rey, porque rey solo hay uno, y, en este caso, el Rey del timbal era Tito Puente. Humildemente, creo que tomé una decisión acertada, esa fórmula me funcionó.»[78]

Esa concepción sonora es llamada, en el ámbito musical antillano, *tocar afincado*, de ahí que a Willie Rosario se le denomine Míster Afinque.

---

[77] Por Walter G. Magaña S. 'Míster Ritmo o Míster Afinque'. *Herencia Latina*. Edición: febrero - marzo de 2010.
[78] . Willie Rosario. Entrevista con el autor. 13 de marzo 2015. Puerto Rico.

«Procuro siempre que el sonido tenga cuerpo, que se note todo con claridad, que sea compacto. Aún no sé quién me puso eso de Míster Afinque, creo que fue algún locutor puertorriqueño. En la ciudad de Nueva York me llamaban El Rey del ritmo, por idea de un locutor llamado Rubén de la Rosa. Luego, el comediante y actor "Shorty" Castro me puso El Rey del *Swing*. Realmente, aún no sé quién me puso Míster Afinque, pero así me llaman.»[79]

«Willie tiene un concepto musical muy original, por eso es una persona respetada. Willie sirvió en el *US Army*, su carácter era muy necesario para este movimiento de la salsa. La verdad es que en su orquesta no canta cualquiera, y yo tuve la bendición de pertenecer a esa escuela. Hoy creo que, si no hubiese pasado por su orquesta, mi historia musical sería bien diferente»[80], señala "Chamaco" Rivera, el último cantante que entró a la orquesta, en la ciudad de Nueva York, antes del retorno de Willie Rosario a Puerto Rico.

---

[79] Willie Rosario. Entrevista por el autor. 11 de junio 2016. Puerto Rico.
[80] Cristóbal Senquis Rivera, "Chamaco". Entrevista por el autor. 12 de julio 2018.

1972

Willie Rosario – Más Ritmo

(Inca Records)

1. En Bayamón
2. Si pudiera
3. En el monte
4. Ni pa' allá voy a mirar
5. Derroche de felicidad
6. Nicolás
7. Un amor borra otro amor
8. Religión no fue motivo
9. Devuelve mi alegría
10. Pan con mantequilla

Músicos:

Willie Rosario: Timbales
Alfredo Rodríguez: Piano
Julio Romero: Bajo
**Francis Bonny, "Junior" Vega,
Héctor Colón, "Tony" Cofresí:** Trompetas
"Papo" Pepín: Conga
George "Chu" Del Río: Bongó
Shel Pullman: Saxo barítono
"Chamaco" Rivera: Cantante
"Yayo El Indio" y Adalberto Santiago: Coros
Louie Ramírez y José L. Cruz: Arreglistas

    Para el año 1972, debido al creciente trabajo que se le presentó con su orquesta, Willie Rosario decidió cerrar un ciclo profesional, dejando de manera definitiva su labor radiofónica para enfocarse de lleno en la creación musical. Por este tiempo grabó y publicó la producción *Más ritmo*, dando así continuidad al dinamismo que venía manifestándose, teniendo como cantante de la orquesta a "Chamaco" Rivera.

    El repertorio del disco *Más ritmo*, que contó con Louie Ramírez y Luis Cruz en calidad de arreglistas, se articuló con los temas 'En Bayamón' y 'Nicolás' de la autoría de Miguel Barcasnegras "Meñique"; 'Si pudiera', de la firma de "Tite" Curet Alonso; 'Religión no fue motivo', escrito por Pedro Anaya; 'Devuelve mi alegría', de la autoría de Carlos Pinto; 'Derroche de felicidad', tema compuesto por Jorge Zamora Montalvo; 'Un amor borra otro amor', creación de Arsenio Rodríguez "El ciego maravilloso" y 'Pan con mantequilla', de la pluma de "Justi" Barreto. En adición, se incluyeron 'En el monte' y 'Ni pa' allá voy a mirar' escritos por el propio Willie Rosario.

Willie Rosario frente a sus timbales.
Fotografía: Archivo de Willie Rosario

Retornando a Puerto Rico

Luego de permanecer varios años vinculado al mundo musical de la ciudad de Nueva York, el timbalero y director de orquesta Willie Rosario optó por retornar y radicarse en Puerto Rico. Su decisión de mudarse a la llamada Isla del Encanto, en el año 1973, fue motivada por una mezcla de circunstancias familiares y laborales.

«Decidí regresar a Puerto Rico porque quería que mis hijos crecieran en un mejor entorno. Además, había un incremento en las actividades para las orquestas en la isla. Cada vez que tenía oportunidad de hablar con Rafael Ithier o con Papo Lucca, me mencionaban sobre el abundante trabajo que tenían. Antes de mudarme con mi familia a Puerto Rico, yo ya había comprado una casa, para que se nos hiciera más fácil establecernos.»[81]

Además, como Willie Rosario siempre ha sido un hombre sumamente trabajador, esforzado y diligente, ya estando en Puerto Rico, aseguró de nuevo un segundo trabajo, mientras que su orquesta lograba introducirse en el ambiente de los clubes y los hoteles de la isla. Esta situación tuvo un positivo desenlace, gracias a la continua recomendación de la orquesta ante los promotores, que hacía su colega Tommy Olivencia[82], fundador y director de la orquesta La Primerísima.

Willie Rosario, queriendo establecer una base sólida para su familia, optó por asumir una posición vacante en la compañía discográfica El Gran Combo (EGC).

---

[81] Willie Rosario. Entrevista por el autor. 11 de junio de 2016. Puerto Rico.
[82] Tommy Olivencia. Ángel Tomás Olivencia Pagán. Director de La Primerísima. Durante sus más de cuarenta y cinco años de vida artística, Tommy Olivencia contó en las filas de su orquesta con cantantes como: "Chamaco" Ramírez, "Paquito" Guzmán, "Sammy Rolo" González, "Lalo" Rodríguez, Simón Pérez, Marvin Santiago, Gilberto Santa Rosa, "Frankie" Ruiz, Carlos Alexis, Héctor Tricoche, "Paquito" Acosta, "Viti" Ruiz y Melvin Martínez, entre otros.

De Nueva York a Puerto Rico.
Ilustración: Frank Rosado

«Rafael Ithier me preguntó si yo quería tomar ese trabajo y de inmediato le dije que me interesaba. Trabajé administrando la fábrica de discos que tenía El Gran Combo. Ese empleo me ayudó mucho para relacionarme mejor con las distintas personas dentro la industria musical. Trabajé dos años con la compañía que tuvo Ithier»[83], recuerda Rosario.

Por ese tiempo, "Chamaco" Rivera, único cantante de la orquesta de Willie Rosario, decidió separarse de la agrupación. Así lo recapitula el vocalista nacido en Guayama:

«Tomé la decisión porque estaba recién casado y necesitaba quedarme en los Estados Unidos con mi esposa. Me enteré de que "Junior" Toledo, quien cantaba con el grupo que tenía Nelson Feliciano, quería mudarse para Puerto Rico y necesitaba trabajo.»[84]

Antes de cantar con la agrupación del trompetista boricua Nelson Feliciano, José "Junior" Toledo tenía una experiencia previa con la orquesta de "Manny" Burgos, incluso, había grabado el álbum *Aquí Estoy Yo - Here I Is*. Por esa razón, "Chamaco" le propuso a Willie Rosario que accediera a que él se quedara cantando con el grupo de Feliciano y que evaluara la posibilidad de que Toledo se integrara a su orquesta, teniendo en cuenta que el vocalista tenía planes de establecerse en la isla.

«Yo ya había visto cantar a Toledo con una orquesta en Brooklyn. Conversamos, nos pusimos de acuerdo y viajó conmigo a Puerto Rico para empezar esa nueva etapa»[85], expresa Willie Rosario.

---

[83] Willie Rosario. Entrevista por el autor. 13 de marzo de 2015. Puerto Rico.
[84] Cristóbal Senquis Rivera, "Chamaco". Entrevista por el autor. 12 de julio 2018.
[85] Willie Rosario. Entrevista por el autor. 11 de junio de 2016. Puerto Rico.

En consecuencia, en las producciones *Infinito* y *Otra vez*, de 1973 y 1975 respectivamente; la orquesta de Willie Rosario cuenta con la voz de "Junior" Toledo, como único cantante.

1973
Infinito - Willie Rosario y su Orquesta

(Inca Records)

1. Arrepentíos pecadores
2. Échame la culpa a mi
3. Todo y nada
4. Ajiaco caliente
5. Tumbao revolución
6. Juventud siglo XX
7. Soy rumbero
8. Lágrimas y tristeza
9. Amigo de qué
10. Last Tango in Paris

Músicos:

Willie Rosario: Timbales
Alfredo Rodríguez: Piano
Julio Romero: Bajo acústico
"Papo" Pepín: Congas
Johnny "Dandy" Rodríguez: Bongó, Campana
Chep Pullman: Saxo Barítono
Héctor "Bomberito" Zarzuela: Trompeta
Larry Spencer: Trompeta
José Riollanos: Trompeta
Freddy Gaud: Trompeta
Louie Ramírez: Vibráfono
Vinnie Bell: Guitarra eléctrica
José "Junior" Toledo: Voz
Adalberto Santiago: Coro
"Frankie" Figueroa: Coro

«Los seguidores de la orquesta siempre han manifestado que la voz de "Junior" Toledo fue la que mejor se acopló al sonido y al estilo de la orquesta. Lo que yo puedo decir es que Toledo era un cantante con magníficas condiciones y grandes recursos vocales. Era sonero y también interpretaba muy bien el bolero, un vocalista muy completo.»[86]

El cantante "Junior" Toledo, no solo se ajustó rápidamente al estilo de la orquesta de Willie Rosario, sino que también contribuyó con dos composiciones del álbum *Infinito*: 'Juventud siglo 20' y 'Tumbao revolución'.

Rosario, quien no se considera un compositor a pesar de haber escrito algunos temas para su orquesta, incluyó 'Amigo de qué' y 'Arrepentíos pecadores' de su inspiración, piezas sobre las que apunta brotaron de manera natural, tras alguna conversación donde se hizo una que otra reflexión acerca de la vida cotidiana.

«He escrito unas pocas canciones, pero nunca porque me lo haya propuesto. Las pocas cosas que he hecho como compositor surgieron espontáneamente. Casi siempre me llega primero la melodía y luego le hago la letra. 'Arrepentíos pecadores' me llegó así, de manera muy natural, posiblemente por los asuntos sociales que yo observaba. Ese número lo han montado, incluso, en las iglesias cristianas y un coro de la parroquia católica a la que asisto lo montó como una balada»,[87] señala Rosario.

El resto del repertorio del disco se perfeccionó con 'Échame la culpa a mí' y 'Soy rumbero', de los geniales compositores boricuas Catalino Curet Alonso y Roberto Angleró, respectivamente; 'Todo y nada', del compositor mexicano Vicente Garrido Calderón, considerado por muchos como el creador del bolero moderno; 'Lágrimas y tristeza', pieza escrita por el percusionista y cantautor cubano Antar

---

[86] Willie Rosario. Entrevista por el autor. 13 de marzo 2015. Puerto Rico.
[87] Willie Rosario. Entrevista por el autor. 14 de marzo 2019. Puerto Rico.

Daly; el tema 'Ajiaco caliente', originalmente una guaracha del cubano Gebo Pérez, que grabó la Sonora Matancera con la voz de Celio González en 1959. 'Ajiaco caliente' se popularizó luego en la ciudad de Nueva York por versión de La Perfecta de Eddie Palmieri, con la voz de Ismael Quintana; tema del cual Rosario presentó un nuevo punto de vista.

El álbum *Infinito* cerró con 'Last Tango in Paris', pieza instrumental del argentino Leandro "Gato" Barbieri, con arreglo en tiempo de *funk jazz* por parte de Louie Ramírez, que causaba furor en ese momento y era el tema estelar de la banda sonora de la película del mismo nombre, una insinuante coproducción francoitaliana, dirigida por Bernardo Bertolucci, y protagonizada por Marlon Brando y María Schneider.

En el año 1975, ya con un terreno ganado en la Isla del Encanto y apoyado por Inca Records, Willie Rosario publicó una nueva producción discográfica con arreglos de Bobby Valentín y Louie Ramírez. Se trató del álbum *Otra vez*, título derivado de una adaptación, hecha para la ocasión, de la pieza del instrumentista y cantautor brasileño Antônio Carlos Jobim[88], originalmente una *bossa nova*, expresión de la música popular de Brasil con fuerte influencia del *jazz* que tanto le agrada a Rosario.

«Me encanta la *bossa nova*. Soy un admirador de la música brasilera y, en especial, de la obra de Jobim. Tanto en casa como en mi automóvil, siempre disfruto de esa música, por eso, en varias producciones incluí temas de Jobim»[89], confiesa Willie.

---

[88] Antônio Carlos Brasileiro de Almeida Jobim (Río de Janeiro, 25 de enero de 1927 - Nueva York, 8 de diciembre de 1994). Compositor, arreglista, cantante, guitarrista y pianista, considerado como uno de los grandes exponentes de la música brasileña. Músico clásico con un gran gusto por el *jazz*. Jobim comenzó a ser reconocido en Brasil cuando se unió al poeta y diplomático Vinicius de Moraes, para ponerle música al *juego Orfeo de Conceição* en 1956. Jobim adquirió fama internacional con el lanzamientode su álbum *Getz/Gilberto*, al lado del saxofonista Stan Getz, que contenía el éxito internacional 'La chica de Ipanema' cantado por Astrud Gilberto.
[89] Willie Rosario. Entrevista por el autor. 14 de marzo 2019. Puerto Rico.

1975
Otra Vez: Willie Rosario y su Orquesta
(Inca Records)

1. Antonia
2. Oriente
3. Recordando a Tito:
   'Quédate conmigo'
   'Si mi corazón pudiera'
4. Solitario
5. No llores, corazón
6. Casualidades
7. Cuando llegará
8. Domingo de verano
9. Otra vez

Músicos:

Willie Rosario: Timbal, líder, producción
"Paquito" Pastor: Piano
Víctor Venegas: Bajo
Héctor "Bomberito" Zarzuela, Larry Spencer: Trompetas
Shepp Pullman: Saxo Barítono
Vincent Bell: Guitarra
Ismael Quintana: Claves, Güiro
José "Junior" Toledo: Voz
"Yayo El Indio": Coros
Adalberto Santiago: Coros

En el álbum *Otra Vez* aparece un *medley* de boleros como tributo a Tito Rodríguez, compuesto por los temas 'Quédate conmigo' (H. Urdaneta) y 'Si mi corazón pudiera' (B. Manrique). Otras canciones incluidas en el disco son: 'Solitario', 'Casualidades', 'Cuando llegará' y 'Domingo de verano', de la autoría de "Junior" Toledo; 'No llores corazón' de "Tite" Curet Alonso, y 'Oriente', del cubano Miguelito Valdés, conocido artísticamente como "Míster Babalú", apodo puesto por Harry S. Truman, el trigésimo tercer presidente de los Estados Unidos, quien en una presentación le pidió en varias oportunidades a Miguelito que cantara 'Babalú', su canción preferida, y durante toda la noche llamó *míster* al artista.

El pianista para la grabación *Otra vez* fue Francisco "Paquito" Pastor, quien para ese momento ya no era miembro de la orquesta de Rosario.

«La primera vez que hice música para una orquesta de cuatro trompetas fue para la de Willie Rosario. En ese tiempo yo tenía veintiún años y Willie todavía no había integrado el saxofón barítono en la formación. Le hice el tema de presentación de la orquesta. Era un número como americanizado, un *opening*. Willie empezó a usar ese arreglo para cuando la orquesta iniciaba el *set*, mientras trabajábamos en el Club Caborrojeño en Nueva York.»[90], explica el pianista.

«Recuerdo que, en el primer ensayo, Willie llevó a unas personas para que nos tomaran las medidas de los uniformes: pantalón gris, *blazer* azul y camisa blanca. Nos dijo: <Necesito que vistan bien y que los zapatos estén con brillo>. Todos debíamos estar bien recortaditos. Willie era un director bastante exigente»[91], enfatiza "Paquito" Pastor.

Fue por ese tiempo que Jerry Masucci, presidente de Fania Records, le propuso a Willie Rosario tocar en una presentación, posiblemente en aras de contratarlo para su compañía:

«Yo le manifesté a Masucci que se lo agradecía, pero que no me interesaba. Le dije: <tú tienes ahí a Orestes Vilató y a "Nicky" Marrero>. Sin embargo, como yo grababa para el sello Inca y ellos, con el pasar del tiempo, lo adquirieron; de manera indirecta terminé en el catálogo de Fania»[92], aclara Rosario.

La del álbum *Otra vez* fue la última sesión de grabación en la que Willie Rosario utilizó para sus discos a un solo cantante. En el corto plazo se integró el santurcino Roberto "Bobby" Concepción. "Bobby", quien se desempeñaba como gerente industrial, llegó a la orquesta de Míster Afinque a través de su hermano, el músico y cantante "Billy" Concepción, inspirador del clásico 'Lamento de Concepción' del Apollo Sound de Roberto Roena, escrito por "Tite" Curet Alonso y grabado en 1978 con el arreglo de Papo Lucca.

---

[90] "Paquito" Pastor. Entrevista por el autor. 9 de septiembre 2021.
[91] "Paquito" Pastor. Entrevista por el autor. 9 de septiembre 2021.
[92] Willie Rosario. Entrevista por el autor. 14 de marzo 2019. Puerto Rico.

"Bobby" Concepción, quien confiesa que su única experiencia musical antes de vincularse a la orquesta de Willie Rosario consistió en participar como corista junto al compositor y cantante Pedro Arroyo en el álbum *Mi Chamaco* de "Chamaco" Rivera, recibió la sugerencia de su hermano "Billy" para que viajara a Puerto Rico, ya que Rosario andaba en búsqueda de coristas, para un viaje de la orquesta con destino a Venezuela. Aunque tal viaje nunca se dio, "Bobby" Concepción sí logró vincularse como corista de la agrupación.

«El cantante de la orquesta era "Junior" Toledo. Compartimos apenas unos cinco o seis bailes. Recuerdo que hicimos una presentación en una fábrica que se llamaba Beckman Coulter, y allí, en determinado momento, el maestro Rosario indicó que íbamos a tocar el tema 'Corazón herido', y yo le dije a "Junior" que me sabía el número completo. Realmente, yo quería cantarlo, pero me daba temor que de pronto el maestro se molestara, porque yo no era el cantante de su orquesta. "Junior" me dijo: <cántalo>. Cuando Willie marcó, yo abrí la boca y comencé a cantar, pero nunca me atreví a mirar pa' atrás. Cuando acabó el número, la gente aplaudió y yo tomé valor para girarme y vi que Willie estaba muerto de la risa. Ahí se me pasó el frío olímpico que tenía»[93] rememora Concepción.

Al poco tiempo, Willie Rosario optó por vincular en calidad de vocalista a "Bobby" Concepción. Por eso, le encomendó a "Chamaco" Rivera que lo guiara, para encontrar un pronto acople.

«Yo era novato. "Chamaco" fue quien me tomó de la mano para dar los primeros pasos y me llevó a un nivel profesional. Era necesario porque yo ya estaba en una orquesta de grandes ligas y, además, era demasiado trabajo para un solo cantante»,[94] subraya Concepción.

---

[93] Roberto "Bobby" Concepción. Entrevista por el autor. 10 de julio de 2018
[94] Roberto "Bobby" Concepción. Entrevista por el autor. 10 de julio de 2018

Transcurría el año 1976 y Willie Rosario ya tenía listo el nuevo material para ingresar al estudio de grabación, pero el cantante "Junior" Toledo se encontraba fuera de la isla, atendiendo compromisos de carácter personal. La ausencia se prolongó por meses y el director de orquesta tomó la decisión de grabar la producción con las voces de "Bobby" Concepción y de Guillermo "Guillo" Rivera.

«En ese momento, yo me encontraba haciendo unos programas de televisión con la orquesta Caribe, en el Canal 11. Fue el trompetista "Papo" Cruz quien le habló de mí al maestro Willie Rosario. Él me citó porque iba a tocar en las fiestas patronales de Guayama por esos días. Yo me había aprendido el número 'Antonia', con el que hice mi debut. Al día siguiente, su orquesta tocó en Aguadilla y allí también canté. Tuvimos una conversación para integrarme a su agrupación y de esa manera empezó mi carrera con el maestro Willie Rosario»[95], recuerda el salinense "Guillo" Rivera.

Paralelamente, el bajista ponceño Efraín Hernández, luego de contribuir en producciones discográficas de la orquesta La Terrífica, fue escogido por el maestro Jorge Millet para participar en una nueva sesión de grabación que tendría lugar en Televicentro Sound con la ingeniería de "Papo" Sánchez.

«Yolanda Rivera y "Pichie" Pérez se habían unido a La Terrífica. Cuando estábamos montando los temas que se iban a grabar, el maestro Jorge Millet, al parecer, reconoció algún talento en mí. Se me acercó y me ofreció grabar en un disco de "Joe" Belo, un cantante que pertenecía a la Corporación Latina. Era la época en la que grababan todos los músicos juntos. Cuando llegué al estudio encontré a Roberto Roena en el bongó y a Willie Rosario en el timbal. Había que ensayar primero y luego grabar. Yo no tenía problemas de lectura, pero le debo a Jorge Millet que me incluyera, luego de que él había ido a

---

[95] Guillermo "Guillo" Rivera Entrevista por el autor. 17 de octubre 2018.

Ponce a ensayar La Terrifica.»[96]

La producción discográfica del fenecido "Joe" Belo, a la que se refiere Efraín Hernández, se tituló *¡Salsa Romántica!* y fue publicada en 1976 por Liznel Records con distribución exclusiva en Nueva York a través de Rico Records de Ralph Cartagena. La participación del bajista en esa sesión de grabación despertó el interés de Willie Rosario, quien posteriormente lo incorporó a su orquesta.

«Unas semanas después, una tía mía, me dijo que Willie Rosario había ido a La Cantera de Ponce, y que estaba preguntando por mí. Willie no me encontró, pero dejó un número telefónico. Yo lo llamé y me citó a un ensayo. Llegué al lugar y allí estaba reunido un grupo de ensueño. El primer tema que Willie marcó fue 'Cha-Cha-Ri-Chá', que tiene un fraseo bien difícil. Con ese tema prácticamente hice mi audición. Era agosto de 1976, yo iba a ser papá, y recuerdo claramente que vi una bendición de Dios ahí, entendí que ese iba a ser mi empleo»[97], relata Efraín Hernández.

Willie Rosario, Bobby Valentín, Carmen Mirabal, Nicolás Nogueras, Tommy Olivencia y Roberto Roena.
Fotografía: Archivo de Willie Rosario

---

[96] Efraín Hernández. Entrevista por el autor. 12 de agosto de 2021. Puerto Rico.
[97] Efraín Hernández. Entrevista por el autor. 12 de agosto de 2021. Puerto Rico.

1977
Gracias Mundo- Willie Rosario y su Orquesta
(Inca Records)

1. Cha-Cha-Ri-Chá
2. Gracias mundo
3. Samba con Salsa
4. Tan fácil
5. Sanjuanero
6. Por culpa de tu amor
7. Matrimonio feliz
8. Luna de miel
9. Abarriba cumbiaremos

Músicos:

Willie Rosario: Líder, timbales
Louie Quevedo: Piano
Efraín Hernández: Bajo
"Papo" Pepín: Percusión, congas
"Bobby" Concepción: Cantante
"Guillo" Rivera: Cantante
Justo Betancourt, Santos Colón, "Yayo El Indio": Coros
Eddie Feijó: Invitado
Elías Lopés: Invitado
Humberto "Sabú" Rosario: Invitado
"Millito" Cruz: Invitado
Bobby Valentín: Producción y arreglos
Willie Rosario: Supervisor de grabación

Curiosamente, la placa *Gracias mundo* resultó ser el debut discográfico para "Bobby" Concepción y para "Guillo" Rivera. El tema que le dio título a la producción, composición de Lito Peña, director de la orquesta La Panamericana; en aquel tiempo tenía que tocarse, mínimo, dos veces por cada baile, a solicitud del público. Similar repercusión tuvo el tema 'Por culpa de tu amor', escrito por Henry Arana, quien también aportó los temas 'Sanjuanero' y 'Samba con salsa'. El resto del repertorio del disco fue conformado por 'Cha-Cha-Ri-Chá', tema del repertorio cubano cuyo crédito autoral se otorga erróneamente a "Tite" Curet Alonso; 'Luna de miel', un tema que había grabado en su momento Tito Rodríguez con los Lobos del Ritmo; el bolero 'Tan fácil', originalmente un tango del letrista argentino Oscar Rubinstein; 'Matrimonio feliz', del percusionista Simón Domingo Esquijarro, apodado "Minino"; y el clásico 'Abarriba cumbiaremos', original del músico, compositor y arreglista cubano Oscar Muñoz Bouffartique.

Willie Rosario frente a su instrumento, observado por Roberto Roena.
Fotografía: Archivo de Willie Rosario

Afincando

En el año 1978, mientras 'El cantante' -tema escrito por Rubén Blades e interpretado por Héctor Lavoe- pegaba fuerte desde Nueva York y Bobby Valentín sonaba potente desde Puerto Rico con 'La boda de ella' -canción compuesta por Roberto Angleró e interpretada por Carlos "Cano" Estremera para el álbum homónimo de la orquesta del maestro Valentín- Willie Rosario concluía su relación con el sello Inca y se vinculaba a la compañía venezolana TH, Top Hits. Su primera producción para ese sello llevó por título *From the depth of my brain*, teniendo como vocalistas a "Junior" Toledo y a "Guillo" Rivera, ya que "Bobby" Concepción se había integrado temporalmente a la orquesta Cábala, del trompetista "Mickey Cora".

Es por ese tiempo que el percusionista Jimmie Morales se vincula a la orquesta de Willie Rosario. Hasta ese momento, Morales trabajaba para el cantante "Tito Allen", y ambas agrupaciones coincidían frecuentemente en fiestas patronales, en los bailes de los hoteles o en fiestas privadas. Todo se articuló cuando "Papo" Pepín, conguero de la orquesta de Rosario, anunció su salida, luego de aceptar la oferta de Roberto Roena para unirse oficialmente al Apollo Sound.

«Willie Rosario le pidió a Edwin Morales, el director de la orquesta La Mulenze, que ubicara al muchachito que era conguero de "Tito Allen". Ese era yo, que apenas iba a cumplir los veinte años. Edwin me llevó al estudio de grabación Masterpiece, pero el maestro no se encontraba allí, entonces fuimos a ubicarlo en la parada 15 de Santurce. Fue muy gracioso, porque cuando llegamos a una cafetería donde él se encontraba, apenas ingresamos al lugar, Willie vio a Edwin y le preguntó: < ¿Dónde está el muchachito que toca conga con "Tito Allen"?>, y Edwin le dijo: <aquí lo traigo, es el que está conmigo>. (…)

Parece que el maestro no me recordaba físicamente, pero sí tenía presente mi ejecución del instrumento»[98], narra Jimmie Morales.

Durante ese encuentro, Willie Rosario le extendió la invitación para que tomara parte en un ensayo de su orquesta, a lo que el conguero respondió afirmativamente. Y aunque Morales ya no era parte de la agrupación de "Tito Allen", también se encontraba tentado por parte del pianista "Raphy" Leavitt[99], con quien había tenido acercamiento para asistir a una audición con su orquesta, La Selecta. Pero, en definitiva, Morales optó por irse con Rosario.

Esa no fue la única sustitución que se presentó. Luis Quevedo[100], un ingeniero civil de profesión y pianista por vocación, muy recordado por su rítmico solo de piano en el tema 'Cha-Cha-Ri-Chá', vocalizado por "Guillo" Rivera dentro de la producción *Gracias mundo*, también dejaba la orquesta de Míster Afinque. En su reemplazo fue contratado Javier Fernández, un joven autodidacta de veintidós años, nacido en Bayamón, quien, para ese momento, formaba parte de la orquesta Mundo y era discípulo del genial pianista y arreglista Jorge Millet[101].

---

[98] Jimmie Morales. Entrevista por el autor. 26 de febrero 2019.

[99] "Raphy" Leavitt. Rafael Angel Leavitt Rey. (17 de septiembre de 1948. San Juan, Puerto Rico - 5 de agosto de 2015. Miami, FL, Estados Unidos). Pianista, compositor, arreglista. En 1966, Leavitt creó su primera orquesta, Los Señoriales, que más tarde se llamó La Banda Latina. Posteriormente, quiso brindarle al público un concepto musical diferente, por eso organizó una nueva agrupación con un repertorio "selecto" de canciones enfocadas a despertar la conciencia de los latinos. Así fundó la Orquesta La Selecta en 1971. A lo largo de su trayectoria, La Selecta ha sido reconocida como una de las instituciones musicales puertorriqueñas de mayor arraigo en el pueblo.

[100] Luis Quevedo Alfaro. (27 de mayo de 1947. Isabela, Puerto Rico – 27 de mayo de 2012. San Juan, Puerto Rico). Virtuoso pianista y arreglista. Participó en producciones discográficas de Marvin Santiago, Cheo Feliciano, "Luigui" Texidor, Ismael Miranda, Bobby Valentín, Willie Colón, Justo Betancourt, Tito Rojas, Frankie Ruíz, "Cano" Estremera, Pedro Conga, Anthony Cruz, Luisito Carrión, "Choco" Orta y "Willie" González, entre otros.

[101] Jorge Millet. Jorge Luis Vélez Millet. (marzo de 1939. San Juan, Puerto Rico - 1 de julio de 1981. San Juan, Puerto Rico) Diseñador gráfico y músico autodidacta que posteriormente realizó estudios de armonía en el Chicago Musical College. Su calidad como orquestador lo hizo acreedor de importantes reconocimientos en Nueva York, Venezuela, Perú, Panamá y en su natal Puerto Rico. Realizó arreglos musicales para Cortijo y su Combo, Tito Puente,

«Efraín Hernández fue a cubrir al bajista de la orquesta Mundo y allí me comentó que Willie Rosario estaba probando a varios pianistas. Apenas me enteré, me interesó muchísimo, pero el temor no me permitió contactarme. La sorpresa mía fue que Efraín le dio mi número telefónico al maestro Rosario. Cuando contesté la llamada y escuché la voz fuerte de Willie, me quedé frío, no podía creerlo. Concertamos una cita en su oficina, en la calle Cerra en Santurce. En esa reunión fui muy sincero y le expliqué que yo no leía música y que consideraba que no iba a poder hacer el trabajo. Lo más agradable de esa conversación fue que Willie me animó a intentarlo»[102], rememora Fernández.

A la semana siguiente, cuando Javier Fernández se presentó a la audición, se encontró con que había cinco pianistas más, todos de conservatorio, buscando esa misma oportunidad, entre ellos el ponceño José Negroni, el hoy experimentado pianista y director de Negroni Trío.

«Mi audición fue con el tema 'Isla del encanto', que había grabado la orquesta Broadway y que sonaba bien fuerte por esos días. Eso me dio bastante confianza y ofrecí lo mejor de mí. Al terminar la audición, me quedé a solas con el maestro Rosario y me ofreció formalmente el puesto del piano»[103], expresa Fernández.

Machito, Willie Rosario, Tommy Olivencia, Bobby Valentín, Los Kimbos, Justo Betancourt, Adalberto Santiago, Puerto Rico All Stars, Johnny Ventura y Roberto Roena. Paralelamente ejerció como director musical de la orquesta de Ismael Miranda. En 1976, fungió como productor y director artístico de la compañía TH Records.
[102] Javier Fernández. Entrevista por el autor. 30 de marzo 2017.
[103] Javier Fernández. Entrevista por el autor. 30 de marzo 2017.

1978

From the depth of my brain – Willie Rosario y su orquesta
(Top Hits Records)

1. Ojalá que te vaya bonito
2. Lloraré
3. Déjame dormir
4. Picadillo con salsa
5. Desesperación
6. Boba
7. Amor en serio
8. Todo se olvida

Músicos:

Willie Rosario: Timbales, líder, productor
Javier Fernández: Piano
Carlos Rondán: Bajo
Jimmie Morales: Congas
Mitchell Laboy: Bongó
"Chago" Martínez: Saxo Barítono
**Héctor "Tito" Rodríguez, Iván Gutiérrez,
Obed Tirado, "Papo" Cruz:** Trompetas
"Junior" Toledo: Cantante
"Guillo" Rivera: Cantante
"Charlie" Aponte, Elliot Romero, "Yayo El Indio": Coros
Juan A. Pepín, Justo Rivera, Luis Quevedo: Invitados

Teniendo como arreglistas al pianista Jorge Millet, el trompetista Elías Lopés y al bajista Bobby Valentín, en el álbum *From the depth of my brain*, se incluyó una pieza instrumental, un nuevo punto de vista del tema 'Picadillo', aparecido originalmente en el álbum *Tito Puente and His Concert Orchestra*, de 1973, compuesto por el Rey del Timbal. En palabras de Willie Rosario: «'Picadillo' era un número muy popular en la ciudad de Nueva York, que siempre me llamó la atención y consideré que era el momento oportuno de grabarlo»[104]. El tema fue rebautizado para el álbum como 'Picadillo con salsa'.

Adicionalmente, figuran 'Ojalá que te vaya bonito', una adaptación de la clásica canción del cantautor mexicano José Alfredo Jiménez; 'Lloraré', de Henry Arana; 'Todo se olvida', del propio Willie Rosario y 'Amor en serio', composición de "Junior" Toledo, vocalista de esas piezas.

---

[104] Willie Rosario. Entrevista por el autor. 11 de junio 2016. Puerto Rico.

A "Guillo" Rivera le correspondieron 'Déjame dormir' y 'Boba', ambas del guitarrista y cantautor cubano Marcelino Guerra, "Rapindey" y 'Desesperación', de la pluma del prolífico compositor puertorriqueño Rafael Hernández.

«Continuamente traté de interpretar las canciones a mi manera. El maestro Willie Rosario siempre me dejó expresarme con libertad, me permitió usar mi propio estilo»[105], recuerda "Guillo".

Por su parte, el percusionista Jimmie Morales aclara:

«Aunque mi nombre aparece en los créditos de esa producción, yo no tomé parte en ella. Ese disco ya se había terminado cuando ingresé a la orquesta. El primer disco que yo grabé con Willie Rosario fue *El rey del ritmo*.»[106]

Situación similar sucedió con el bajista Carlos Rondán, quien luego de trabajar con la orquesta Jimmy Urbina y La Revolución 70, se vinculó a la orquesta de Willie Rosario justo en el transcurso de la grabación del álbum *From The Depth Of My Brain*.

«Aunque yo aparezco en los créditos del álbum, quien hizo la grabación fue Efraín Hernández. Lo que sucedió fue que la grabación del disco se hizo durante esa transición.»[107]

---

[105] Guillermo "Guillo" Rivera Entrevista por el autor. 17 de octubre 2018.
[106] Jimmie Morales. Entrevista por el autor. 17 de octubre 2018.
[107] Carlos Rondán. Entrevista por el autor. 23 de marzo 2023. Puerto Rico.

Rondán, quien fue parte de la orquesta de Willie Rosario en dos períodos: de 1978 a 1987 y de 2000 a 2014, rememora:

«Willie Rosario es un maestro en la música y en la vida, una persona recta que se toma la música muy en serio. Además, a Willie siempre le ha gustado darle la oportunidad a la juventud. Estar en la orquesta de Willie es tener la oportunidad de tocar música muy interesante. Son unos arreglos retantes y un repertorio mega sabroso. Recuerdo que Willie me dijo una vez: <yo no quiero ir a los bailes a martirizarme, yo quiero ir a disfrutar lo que hago, y rodearme de gente que me hagan sentir así>. También es un aprendizaje continuo de disciplina y responsabilidad.»[108].

Orquesta de Willie Rosario, en la época en que los vocalistas eran: "Junior" Toledo y "Guillo" Rivera.
Fotografía: Archivo de Robert Padilla

---

[108] Carlos Rondán. Entrevista por el autor. 23 de marzo 2023. Puerto Rico.

1978
El Rey del Ritmo – Willie Rosario y su orquesta
(Top Hits Records)

1. La maldad
2. Ataca
3. Llueve
4. Esa que yo conocí
5. Recordando a Miguelito Valdés
6. Mujer ingrata
7. Quién lo diría
8. Qué bonito es Puerto Rico

Músicos:

Willie Rosario: Director, percusión, timbales
Javier Fernández: Piano
Carlos Rondán: Bajo
Jimmie Morales: Conga
Mitchell Laboy: Bongó
"Chago" Martínez: Saxo barítono
Félix Rodríguez: Trompeta
Obed Tirado: Trompeta
Pedro Silva: Trompeta
"Papo" Cruz: Trompeta
"Junior" Toledo: Cantante
"Guillo" Rivera: Cantante
"Yayo El Indio", Elliot Romero, Carlos Santos: Coros

El álbum *El Rey del ritmo* fue grabado en Puerto Rico y luego mezclado por el legendario ingeniero de la compañía Fania, Jon Fausty, en el Latin Sound Studio de la ciudad de Nueva York.

Según recuerda Fausty:

«La primera vez que pude compartir con Willie Rosario fue en 1969, en Delta Recording Studio en Nueva York. A lo largo de su trayectoria, su principal contribución ha sido lograr que los miembros de su banda toquen con la máxima precisión. ¡Es algo muy impresionante!»

Para la grabación de *El Rey del Ritmo*, se reunieron en calidad de arreglistas Bobby Valentín, Miguel Flores, Jorge Millet y Ray Santos, orquestadores de primera línea que le dieron forma a un repertorio selecto que incluyó 'La maldad', composición de Roberto Angleró; 'Ataca' (D.R.A.); 'Llueve' de Catalino Curet Alonso; 'Esa que yo conocí' (Angélica López - Jorge Millet); 'Recordando a Miguelito Valdés' del guitarrista, percusionista y cantautor Félix Castrillón en homenaje a "Mr. Babalú"; 'Mujer Ingrata', compuesta por Henry Arana; 'Quién lo diría', inspiración de Bobby Capó; y 'Qué bonito es Puerto Rico', arreglada para la ocasión por Miguel Flores, una pieza original del percusionista y compositor cubano "Justi" Barreto, que había sido grabada por Machito y sus Afro Cubans en 1953.

Varios críticos coinciden en señalar que la dupla Toledo–Rivera era, algo así, como una fórmula ganadora en la delantera de la orquesta de Rosario. "Junior" Toledo era un cantante con gran dominio interpretativo, hábil en los montunos y con creatividad para los soneos. Por su parte, "Guillo" Rivera tenía un estilo fresco que conectaba muy bien con la juventud. Pero como en la industria musical, el talento no lo es todo, algunas discrepancias surgidas entre Willie Rosario y "Junior" Toledo, que el líder de la orquesta atribuye a actos de indisciplina, precipitaron la salida del cantante, lo cual, de acuerdo con Rosario, estimuló también la renuncia de su compañero de fórmula "Guillo" Rivera, para tratar de desestabilizar la unidad de la agrupación.

Orquesta de Willie Rosario, en la época en que los vocalistas eran "Junior" Toledo y "Guillo" Rivera.
Fotografía: Archivo de Willie Rosario.

«Ellos se disgustaron conmigo porque les llamé la atención por una acción muy negativa que tuvieron en la tarima frente a unas cinco mil personas. No aceptaron la corrección y se marcharon, pero como este era mi negocio, tenía que seguir. Por eso, comencé a buscar otros cantantes.»[109]

Mientras Toledo y Rivera emprendieron su camino, la orquesta de Willie Rosario tenía decenas de bailes ya contratados. Esos compromisos se cumplieron, con la combinación de voces de "Chamaco" Rivera y "Bobby" Concepción.

«Me llamó "Chamaco" y me dijo que Willie nos necesitaba porque se había quedado sin sus cantantes. Estuve de acuerdo, era el momento de colaborarle al maestro. "Chamaco" estuvo apenas temporalmente, con el compromiso de que cuando se consiguiera un cantante, él se iba»[110], recuerda "Bobby" Concepción.

Ese cantante no fue otro que Eladio Antonio Tony Vega, quien, para ese momento, llevaba un año y medio como vocalista de la orquesta La Selecta, del pianista "Raphy" Leavitt, y ya había puesto su voz a los temas 'Cosquillita', autoría del propio Leavitt; 'Sheila Taina' y 'El picaflor', ambos de la pluma de Jimmy Sánchez.

Jimmie Morales recuerda la incorporación del cantante:

«Estábamos alternando en el Coliseo Roberto Clemente junto a la orquesta de "Raphy" Leavitt. Allí, Willie le prestó bastante atención al trabajo que estaba haciendo "Tony". Ellos conversaron, llegaron al acuerdo y, entonces, Tony Vega llegó a la orquesta, inicialmente, asumiendo parte del repertorio de "Guillo" Rivera, mientras todo se estabilizaba.»[111]

---

[109] Willie Rosario. Entrevista por el autor. 11 de junio 2016. Puerto Rico.
[110] Roberto "Bobby" Concepción. Entrevista por el autor, 10 de julio de 2018.
[111] Jimmie Morales. Entrevista por el autor. 26 de febrero 2019.

Willie Rosario junto a los cantantes "Bobby" Concepción y Tony Vega.
Foto: Archivo de Robert Padilla

Un hombre de salsa

Transcurría el último trimestre de 1979 cuando el cantante Tony Vega, un joven que se había dejado cautivar por el soneo de Ismael Rivera, se vinculó a la orquesta de Willie Rosario. Esta adhesión se dio en un momento verdaderamente coyuntural. Debido a la salida repentina de "Junior" Toledo y de "Guillo" Rivera, vocalistas con un repertorio que había logrado calar en el gusto del público, y ante el imparable tren de trabajo de la agrupación, Vega no tuvo fácil su acople, mucho menos la aceptación por parte de los seguidores de la orquesta.

«El trompetista Pedro Silva fue quien me manifestó que Willie Rosario estaba interesado en mi trabajo. Eso me entusiasmó porque me encantaba el sonido de la orquesta de Willie Rosario. Era el mes de octubre cuando asistí a la audición. Entonces me fui de La Selecta para comenzar esa nueva etapa y rápidamente comenzamos a hacer la gran cantidad de bailes que Willie tenía contratados. Sin embargo, al muy poco tiempo noté que la gente tenía bien presente que "Guillo" Rivera y "Junior" Toledo eran los vocalistas de la banda. Habían marcado una época, eran unas voces que no se podían igualar o acercarse a lo que habían significado»[112], señala Vega.

En esos días, también se adjuntó a la orquesta, en calidad de corista y de manera fugaz, Luis "Papo" Rosario, quien traía experiencias previas con las orquestas Exposé, Tentación Latina y Tempo 74.

«"Papo" estuvo como por tres meses en la orquesta. Ya estábamos listos para hacer la nueva grabación, cuando percibí que no encajaba con la esencia del grupo. Entonces, (…)

---

[112] Tony Vega. Entrevista por el autor. 3 de diciembre 2009.

mejor lo dejé ir, y eso resultó más beneficioso para "Papo".»[113] señala Willie Rosario.

De acuerdo con "Papo", el tiempo que estuvo con la orquesta de Willie Rosario fue muy breve porque en ese momento él aún era parte de Tempo 74; y por tratarse de la época navideña, el grupo tenía bastante trabajo.

«Hablé con Willie y le expliqué que no podía abandonar a los muchachos de Tempo 74, ya que preparar un cantante de un día para otro no era fácil. Me sentía dividido en ese momento. Le manifesté que después de la temporada navideña estaría disponible para unirme a su orquesta a tiempo completo. Tal vez no pude desarrollar confianza, no pude establecer una conexión sólida porque Willie me comentó: <"Papo", los planes que tenía contigo no se han concretado; quédate trabajando con ellos (Tempo 74) hasta que surja una nueva oportunidad>»[114].

Semanas más tarde, "Papo" Rosario realizó una audición con El Gran Combo de Puerto Rico. Se integró a la agrupación de manera definitiva en enero de 1980 durante las fiestas patronales de Manatí, en sustitución de "Mike" Ramos.

La orquesta de Willie Rosario tenía una gran cantidad de contratos, no solo en hoteles como el Condado Plaza y el hotel San Juan, sino también en los salones de baile, como el club Caborrojeño de Guaynabo, Xanadú en Naranjito, El Montecasino en Bayamón, La Hacienda Country Club en Caguas, el club Salinas, el club Yaucano, La Quinta de Corozal, Los Mandriles, Casa España en San Juan, y el famoso Lomas del Sol Night Club, ubicado en la carretera número 1 de Caguas a Río Piedras.

---

[113] Willie Rosario. Entrevista por el autor. 14 de marzo 2019. Puerto Rico.
[114] "Papo" Rosario. Entrevista por el autor. 1 de junio 2022.

Orquesta de Willie Rosario (1980).
Fotografía: Archivo de Willie Rosario

Tony Vega tuvo a su cargo los temas 'Recordando a Miguelito Valdés' y 'Esa que yo conocí', que eran los que mayor impacto tenían por aquellos días porque sonaban frecuentemente en la radio. El resto del repertorio era asumido por "Bobby" Concepción.

«Cuando yo entré a la orquesta, el maestro ya tenía treinta bailes contratados. Comencé a hacer mi trabajo, pero notaba el rechazo del público cuando estaba cantando. Especialmente, había un fanático que no se perdía un *show* de Willie Rosario y que me hacía la vida imposible con sus gestos, era tremendo el desaire que me hacía en cada baile. Willie siempre me calmaba, me decía que estuviera tranquilo, que esa situación se iba a terminar en cuanto yo grabara con la orquesta.»[115]

---

[115] Tony Vega. Entrevista por el autor. 3 de diciembre 2009.

Y así mismo sucedió. En 1980, con la salida al mercado del álbum *El de a 20 de Willie*, con el que el director de orquesta celebró los veinte años de su organización musical, el sencillo 'Mi amigo el payaso', un arreglo de Bobby Valentín, en la voz de Tony Vega, rápidamente se situó como favorito del público.

«Willie, que es un hombre sabio, no solo tenía toda la razón, resultó que, para sorpresa mía, aquel hombre que me hacía la vida imposible se volvió mi seguidor y ahora es mi pana»[116], explica Tony.

---

[116]Tony Vega. Entrevista por el autor. 3 de diciembre 2009.

Willie Rosario frente a su instrumento.
Fotografía: Archivo de Robert Padilla

1980
El de a 20 de Willie – Willie Rosario y su orquesta
(Top Hits Records)

1. A toda Cuba le gusta
2. El timbal de Carlitos
3. Si es tarde, me perdonas
4. El solitario
5. Mi amigo el payaso
6. El flamboyán
7. No tengo nada
8. El revendón
9. Meditación

Músicos:

Willie Rosario: Timbales, productor
Javier Fernández: Piano
Carlos Rondán: Bajo
Jimmie Morales: Conga
Mitchell Laboy: Bongó
Mario Ortiz: Trompeta
David "Piro" Rodríguez: Trompeta
Manuel Alers: Trompeta
Eddie Feijóo: Trompeta
"Chago" Martínez: Saxo barítono
Tony Vega: Cantante
"Bobby" Concepción: Cantante
"Yayo El Indio", "Tito Allen", Elliot Romero: Coros
Bobby Valentín: Ingeniería de sonido

En *El de a 20 de Willie* los temas que le correspondieron a Tony Vega fueron: 'A toda Cuba le gusta', que abrió el disco, y era originalmente una guaracha del legendario compositor cubano Remberto Bécker Márquez, creada en 1943 e interpretada por primera vez por Orlando Guerra "Cascarita"; 'El timbal de Carlitos', de Carlos Segarra; 'El solitario', del prolífico Catalino Curet Alonso; 'El revendón', pieza escrita por el guitarrista y compositor boricua Félix Castrillón; 'Mi amigo el payaso', una colaboración entre Félix Castrillón y Luis Ruiz; y 'El flamboyán', obra original del fundador del Cuarteto Mayarí, Plácido Acevedo Sosa.

Precisamente, 'El flamboyán' fue el primer arreglo musical encargado por Willie Rosario al también recién integrado pianista Javier Fernández.

«Fue una responsabilidad muy grande, porque yo había hecho uno que otro arreglo para grupitos pequeños que no eran conocidos, pero jamás para una orquesta de ese nivel. Por eso, considero que el primer arreglo comercial que hice fue precisamente para la orquesta de Willie Rosario, gracias a que él me brindó esa oportunidad. Cuando ingresé había muy buenos arreglos de lo que se había grabado previamente, arreglos de Bobby Valentín, de Ray Santos, de José Febles, y de Louie Ramírez; por eso, fue todo un reto hacer ese primer arreglo. Yo entiendo que lo primordial, al momento de arreglar es tener claridad en las ideas, para poder establecer la estructura musical. Eso es un don de Dios; después que se tiene, la creatividad llega. Lo que hice con 'El flamboyán' fue trabajarlo cuidadosamente, luego, lo llevé al ensayo, y Willie decidió que lo íbamos a grabar»[117], expresa Javier Fernández.

Por su parte, "Bobby" Concepción asumió la voz en los temas 'Meditación', una adaptación del tema compuesto por Antônio Carlos Jobim, Norman Gimbel y Newton Mendonça; 'Si es tarde, me perdonas', de Carlos Lyra; y 'No tengo nada', un exquisito bolero del compositor cubano Raúl Díaz, que en el pasado había sido grabado por "Vicentico" Valdés[118].

Al reverso del álbum se incluyó la frase: «¡20 años dando candela y los que faltan!», escrita al lado de un mensaje del propio Rosario, que expresaba:

«Estamos celebrando los veinte años de estar fundada esta orquesta. Han sido años de lucha y de mucho trabajo, de tristezas y de alegrías. Quiero manifestar mi profundo agradecimiento a todas las personas que me ayudaron para poder celebrar este cumpleaños. Mi especial agradecimiento al señor Al Santiago, al señor Johnny Seguí y al señor Max Salazar.»[119]

De acuerdo con el maestro Rosario, su intención fue dedicar de manera especial unas líneas a tres personas con las que sentía tener una deuda: Johnny Seguí, por ofrecerle la

---

[117] Javier Fernández. Entrevista por el autor. 30 de marzo 2017.
[118] Vicente Valdés Valdés (La Habana, Cuba. 10 de diciembre de 1921 - Nueva York, Estados Unidos. 26 de junio de 1995). Estelar cantante cubano de extensa carrera, intérprete emblemático del bolero. Durante su carrera artística grabó 30 álbumes y fue galardonado con tres Discos de Oro. Fue miembro de la Sonora Matancera y de la Orquesta de Tito Puente. Bobby Valentín le produjo tres álbumes en su compañía Bronco Records.
[119] Notas de la contraportada de la producción *El de a 20 de Willie*. Top Hits. TH-AM 2103 (1980).

oportunidad de ser parte de una primera orquesta en la época del mambo, en la ciudad de Nueva York; al creativo productor "Al" Santiago, por permitirle realizar sus primeras grabaciones y al musicólogo Max Salazar, por haberlo apoyado con reseñas positivas de manera desinteresada, en la época en la que el investigador fungía como colaborador de la revista *Impacto*.

«Estando en Nueva York, cuando logré grabar mi primer disco, lamentablemente, eso no dijo nada en el ambiente. Hice el segundo, y nada. Luego, vino el tercero, y nada. La gente me decía que para qué seguía grabando, si no pasaba nada. Yo, sin embargo, creía que tenía mucha suerte en poder grabar. En ese tiempo, Max Salazar se interesó por la música que yo estaba haciendo. Me buscó porque quería escribir un artículo sobre mí, pero el director de la revista le dijo que no, porque yo no era una figura conocida. Yo supe que Max Salazar dijo: <quiero hacer un artículo sobre él, y si no te gusta, yo lo siento mucho>. Entonces, escribió un artículo muy interesante, muy beneficioso para mi carrera. Como soy una persona agradecida, no quise pasar por alto agradecer a esa gente, que me brindó distintas oportunidades»[120], concluye Rosario.

Por ese tiempo se unieron a la orquesta, de manera temporal, Mario Viera, en calidad de corista y "Tony" Rivas[121] como cantante. Rivas estuvo en la delantera de la agrupación durante nueve meses, hasta el ingreso de Gilberto Santa Rosa, un joven de diecinueve años, proveniente del área de Santurce, en la capital puertorriqueña, que ya venía perfilándose como gran figura del canto.

Santa Rosa había tenido su primera experiencia como vocalista en la producción *Borinquen flame*, álbum de la orquesta del trompetista Mario Ortíz, publicado en 1977, y al año siguiente había participado como uno de los cantantes de

---

[120] Willie Rosario. Entrevista por el autor. 11 de junio 2016. Puerto Rico.
[121] Hermano de Jerry Rivas, una de las voces de El Gran Combo de Puerto Rico.

la producción *We Love N.Y.*, de la orquesta La Grande de José Canales, donde contó con la tutoría del trompetista Elías Lopés.

«A Gilberto Santa Rosa lo escuché por primera vez con La Grande y vi que se podía acoplar al estilo de mi orquesta. Me llamó la atención lo bien que inspiraba ese muchacho, me di cuenta que era bastante versátil»[122], señala Rosario.

Pero cuando Santa Rosa recibió la oferta por parte de Willie Rosario, ya no era parte de La Grande, sino miembro de la Primerísima de Olivencia. En realidad, ya había efectuado la grabación del álbum *Tommy Olivencia and His Orchestra*, una producción de Luis "Perico" Ortiz para TH Records, en la que Santa Rosa compartió la sección vocal con "Paquito" Guzmán.

«Willie Rosario me había hecho un acercamiento hacía como dos años, pero yo decliné su propuesta, porque mi interés era volver a grabar prontamente, por eso me fui con Tommy Olivencia. Pasó el tiempo y surgió nuevamente la oportunidad, dicen que un rayo no cae dos veces en el mismo sitio, por eso, ante el ofrecimiento, no dejé pasar el momento. Terminé con Olivencia un martes, durante las fiestas patronales de Bayamón, y al otro día comencé con Willie Rosario, en esas mismas fiestas. Así fue el inicio de seis años de trabajo con el maestro Willie Rosario, que fueron trascendentales, en lo que ha sido mi carrera musical»[123], expresa Gilberto Santa Rosa.

El debut discográfico de Gilberto Santa Rosa con la orquesta de Willie Rosario se cristalizó con la publicación del álbum *The Portrait of a Salsa Man*, en el que vocalizó los temas 'El antifaz', de "Tite" Curet Alonso y 'La mitad', de la compositora Zulma Angélica.

---

[122] Willie Rosario. Entrevista por el autor. 11 de junio 2016. Puerto Rico.
[123] Gilberto Santa Rosa. Entrevista por el autor. 19 de mayo 2005. Bogotá, Colombia.

«Cuando estábamos grabando 'La mitad', en la fase inicial, capturando el sonido de la orquesta, antes de ponerle la voz, algunos músicos me preguntaron si se trataba de un tema instrumental, pero yo les expliqué que era un número que tenía letra. Eso sucedió porque Bobby Valentín, que es un individuo extraordinario, le hizo una melodía adicional, lo que me lleva a concluir que los arreglistas también son compositores. Ese tema es uno de los grandes hits de la orquesta; tanto así, que cuando Gilberto Santa Rosa ya era solista y viajaba a Suramérica, se lo solicitaban bastante, y, entonces, tenía que incluirlo en sus presentaciones. Por eso, José Lugo, su director musical, tuvo que hacer una transcripción del arreglo»[124], cuenta Willie Rosario.

En *The Portrait of a Salsa Man* a Tony Vega le correspondió la interpretación de 'La tierra mía', de la pluma de Henry Arana; 'Tormenta', tema escrito por Zulma Angélica y 'El condenado', de Raquel Velázquez. Por su parte, "Bobby" Concepción grabó los temas 'María Elena', inspiración del llamado "Jibarito", don Rafael Hernández y el tema 'Como eres tú', adaptación de la canción 'Just the way you are', de Billy Joel.

Conforme a la opinión de "Bobby" Concepción:

«Willie Rosario ha triunfado porque es un hombre exigente y muy constante. Él conoce muy bien su negocio. Lo sigo admirando porque es muy organizado y meticuloso. Su orquesta es como un barco timoneado por un buen capitán. El resultado de eso es muy evidente, ya que su orquesta ha estado activa durante décadas.»[125]

---

[124] Willie Rosario. Entrevista por el autor. 14 de marzo 2019. Puerto Rico.
[125] Roberto "Bobby" Concepción. Entrevista por el autor. 10 de julio 2018.

1981

The Portrait of a Salsa Man – Willie Rosario y su Orquesta
(Top Hits Records)

1. La mitad
2. La tierra mía
3. En la obscuridad/Mío
4. Tormenta
5. María Elena
6. El antifaz
7. Como eres tú
8. El condenado

Músicos:

Willie Rosario: Percusión, timbales, productor
Javier Fernández: Piano
Carlos Rondán: Bajo
Jimmie Morales: Conga
Mitchell Laboy: Bongó
"Piro" Rodríguez: Trompeta
Obed Tirado: Trompeta
Gerardo Santiago: Trompeta
Elliot Feijóo: Trompeta
"Chago" Martínez: Saxo barítono
Gilberto Santa Rosa: Cantante
Tony Vega: Cantante
Mario Viera: Coro
"Yayo El Indio": Coro
Mario Cora: Coro
Elliot Romero: Coro

Willie Rosario junto a Cheo Feliciano, Rafael Cortijo y su Combo, José Nogueras y el Conjunto Canayón en el lanzamiento del V Festival de Salsa Winston, 1981.
Fotografía: Archivo de Willie Rosario

Willie Rosario junto a Jimmie Morales.
Fotografía: Archivo de Jimmie Morales

Nuevos horizontes

«Cuando se toca la percusión en nuestra música, llámese mambo, guaguancó, chachachá; es posible que se corra el ritmo, pero Willie siempre ha estado ocupado de mantener el mismo tiempo, que no se vaya *pa'lante* o *pa'atrás*, porque las figuras que uno escribe están para que se toquen en cierto tiempo. Entonces, si tú tocas más ligero o más despacio, se pierde el *swing*», señala José Madera[126], arreglista de varios de los temas popularizados por la orquesta de Willie Rosario, entre ellos 'El antifaz', que, según Madera, fue el primero que hizo para la también llamada Banda que deleita.

La opinión de Madera, quien conoció a Rosario en el año 1969, en Nueva York, a través del percusionista Luis "Madamo" Díaz, es compartida por Ray Santos[127], otro de los arreglistas para las producciones de Rosario:

«Willie ha sabido mantener el afinque, es decir, su orquesta no se sale del patrón rítmico. Algunas agrupaciones comienzan el número en un tiempo y luego modifican la velocidad, terminando el número en un tiempo más ligero. (…)

---

[126] José Madera Jr. José Manuel Madera Rivera. 30 de septiembre de 1950. Nueva York. Hijo de José "Pin" Madera, saxofonista, miembro original de Machito y sus Afrocubans. Madera Jr, se inició profesionalmente como timbalero en la orquesta de Machito. Ha orquestado para agrupaciones como La Protesta de "Tony" Pabón, Charlie Palmieri, Tito Puente, Larry Harlow, Héctor Lavoe, Celia Cruz, Los Soneros del Barrio, George Delgado, Spanish Harlem Orchestra, entre otros. En los últimos años se ha desempeñado como director musical de Mambo Legends Orchestra, una banda compuesta por ex miembros de la Orquesta de Tito Puente.

[127] Ray Santos. Raymond Santos. 8 de diciembre de 1928. Nueva York, Estados Unidos – 17 de octubre de 2019. Nueva York, Estados Unidos. Estudió saxofón en Juilliard School of Music. Trabajó con Noro Morales, Machito, Tito Rodriguez, Eddie Palmieri y Tito Puente, entre muchos otros. En el campo de la salsa sus arreglos han quedado consignados en producciones discográficas de Tommy Olivencia, Bobby Valentín, Eddie Palmieri, Junior Toledo, "Lalo" Rodríguez, Rafael de Jesús, Justo Betancourt, Ismael Quintana, José Alberto "El Canario" y Gilberto Santa Rosa, entre otros. Fue ganador de un Premio Oscar en 1992, por la música y los arreglos de la banda sonora de película *The Mambo Kings*, protagonizada por Armand Assante y Antonio Banderas. Fue maestro en el City College de Nueva York por más de 20 años, retirándose en 2013. Organizó y dirigió la orquesta que grabó el álbum *Frenesí* de Linda Ronstadt. Fue orquestador de algunas piezas incluidas en el álbum *To Benny Moré with Love* de Jon Secada.

En la orquesta de Rosario, él ha cuidado mucho ese detalle y ha sido su característica fundamental»[128].

José Madera, incluso, ahonda más en la personalidad sonora de la orquesta:

«Muchos años atrás, cuando el bajo no tenía amplificación, en las orquestas grandes se escribía el barítono con el bajo para ayudar al sonido. Ahora no tanto, porque de cierta época para acá se oye todo. Pero en aquel tiempo se escribía así. Creo que esa idea de Willie, del barítono con las cuatro trompetas, es parte de eso. En todo caso, Willie marcó un precedente, porque el saxo barítono no era usado en los conjuntos.»[129]

Tanto José Madera como Ray Santos -convocados en varias ocasiones por Willie Rosario para realizar arreglos y algunas adaptaciones para su orquesta- figuran en la producción *Atízame el fogón*, publicada por la compañía TH en 1982. Este trabajo discográfico también marcó la incorporación en la orquesta del saxofonista José "Beto" Tirado, alumno de Freddie Miranda, saxofonista de El Gran Combo de Puerto Rico. Tirado traía experiencias previas junto a la orquesta La Panamericana, la agrupación de "Joe" Valle, y la orquesta de Elías Lopés.

«Lo que tocaba era saxofón tenor, pero me llamaba mucho la atención el sonido del barítono. Ingresé a la orquesta siendo suplente de "Chago" Martínez. Recuerdo bien que mi debut fue en el Hotel San Juan. Al paso de unos meses, "Chago" se retiró del grupo; entonces, el maestro Rosario me hizo la oferta formal. Aunque por ese tiempo también recibí una propuesta para trabajar con Wilfrido Vargas, luego de consultarlo con mi maestro Freddie Miranda, tomé la decisión de irme con la orquesta de Rosario»[130], señala "Beto" Tirado.

---

[128] Ray Santos. Entrevista por el autor. 22 de agosto 2018.
[129] José Madera. Entrevista por el autor. 15 de junio 2018.
[130] José "Beto" Tirado. Entrevista por el autor. 14 de abril de 2019.

Gilberto Santa Rosa, Willie Rosario y Tony Vega.
Fotografía: Archivo de Gilberto Santa Rosa

Tony Vega, Jimmie Morales, Willie Rosario, Gilberto Santa Rosa, Humberto Ramírez y "Tito" Echevarría. (2020).
Fotografía: Archivo de Jimmie Morales

1982

Atízame el fogón – Willie Rosario y su orquesta
(Top Hits Records)

1. Atízame el fogón
2. Cuando vuelvas a quererme
3. No me vuelvo a postular
4. Ignorante
5. Negrita linda
6. Mala mujer
7. El plato roto
8. Mía nada más

Músicos:

Willie Rosario: Percusión, timbales, productor
Mitchell Laboy: Bongó
"Piro" Rodríguez: Trompeta
Vicente "Cusi" Castillo: Trompeta
Carlos Martínez: Trompeta
Gerardo Santiago: Trompeta
José "Beto" Tirado: Saxo barítono
"Bobby" Concepción: Cantante
Tony Vega: Cantante
Gilberto Santa Rosa: Cantante
Mario Viera: Coro
**Mario Ortiz, Elliot Feijóo, Mario Cora,
Elliot Romero:** Invitados

El tema que le dio título a la producción *Atízame el fogón* es una composición de Raquel Velázquez, con arreglo de José Febles, en voz de Tony Vega, a quien le correspondió también la interpretación de 'Mala mujer', de la pluma de Henry Arana, con arreglo de Febles; y el tema 'Ignorante', letra de Israel Plata, con arreglo de Louie Ramírez.

«Al poco tiempo de ser parte de la orquesta de Willie Rosario, me di cuenta de que esa experiencia era como ingresar al servicio militar. La ropa debía estar bien planchada, allí no había un zapato sucio, no había una corbata mal puesta. Yo no entendía esas cosas en el momento, pero con el paso del tiempo comprendí que era necesario porque estaba comprometido el nombre de Willie como director de la orquesta. Luego, cuando yo hice mi grupo creo que fui el doble de estricto que él, ahí lo comprendí todo. Por eso, agradezco toda la disciplina que nos impartió»[131], expresa el cantante Tony Vega.

Por su parte, "Bobby" Concepción grabó 'El plato roto', una guaracha de Rafael Ortiz que data de 1939 y que, para la

---

[131] Tony Vega. Entrevista por el autor. 3 de diciembre 2009

producción de Rosario, contó con el arreglo del pianista Raymond Concepción, mejor conocido en el ámbito musical como "Ray Cohen"; y el tema 'Cuando vuelvas a quererme', autoría del pianista y compositor cubano Julio Gutiérrez[132], arreglado por José Madera.

En contraste, Gilberto Santa Rosa, abordó la interpretación de 'No me vuelvo a postular', letra de Diana Sierra con arreglo de Ray Santos; 'Mía nada más', composición de Pedro Gazmey con arreglo del bajista José Gazmey y 'Negrita linda', un paseo vallenato del compositor colombiano Isaac Carrillo Vega "Tijito", estampado también en el LP *Dos grandes* del cantautor Diomedes Díaz Maestre junto al acordeonero Nicolás Elías "Colacho" Mendoza. Willie Rosario escuchó esa canción a través de un *cassette* proveniente de Colombia, y se motivó a grabarlo dado que El Gran Combo de Puerto Rico ya había hecho algunos temas vallenatos en tiempo de salsa, con relativo éxito.

Gilberto Santa Rosa, hoy llamado El Caballero de la salsa, por cuenta del locutor boricua Rolando Sánchez, "El Pachá", también hace referencia a la manera en la que Rosario históricamente ha direccionado su agrupación:

«Fue Willie Rosario la persona que nos enseñó lo que es disciplina, trabajo serio, y el respeto que se debe tener por la música. Lo que Willie me enseñó, me sirvió luego para poder tener una carrera solista.»[133]

---

[132] Julio Gutiérrez (12 de enero de 1918. Manzanillo, Cuba - 15 de diciembre de 1990. New York, Estados Unidos). Fue pianista de la orquesta Casino de la Playa. En 1948 formó un *jazz band*, con el que trabajó en radio y televisión y viajó a República Dominicana, Venezuela, Colombia, Argentina y España. A inicios de los años 50 fungió como director musical del Canal 4 de TV en Cuba. En 1956 grabó el disco *Cuban Jam Session under the direction of Julio Gutiérrez*, donde reunió a músicos como: "Peruchín", "El Negro Vivar", Juan Pablo Miranda y "Chombo" Silva, entre otros. En 1960 viajó a México, y posteriormente se radicó en Nueva York, donde fundó su propio sello disquero J & G. Se desempeñó como arreglista y director de orquesta. Entre sus obras más famosas figuran los boleros 'Inolvidable' y 'Llanto de luna'.

[133] Gilberto Santa Rosa. Entrevista por el autor. 19 de mayo 2005. Bogotá, Colombia.

Según palabras que el propio Rosario expone con firmeza:

> «Uno no puede evitar que en la orquesta existan dos o tres músicos bohemios, pero sí es nuestro deber hacer un trabajo responsable y de respeto para el público.»[134]

The Salsa Machine, él último álbum de la orquesta de Willie Rosario para la compañía TH, abarcó un repertorio que nuevamente conquistó al público, con temas como 'Busca el ritmo', del genial compositor boricua Johnny Ortiz, y 'Cuídese compay' de Jimmy Sánchez, ambos arreglos de José Febles, en la voz de Tony Vega.

Esta también fue la última participación de "Bobby" Concepción como miembro de la orquesta de Willie Rosario. Le correspondió grabar 'Bajo la luna', originalmente un son montuno de Armando Oréfiche, registrado junto a sus Havana Cuban Boys en 1957. En la versión actualizada de Rosario, se incorporó un destacado solo de tres a cargo de Nelson González. "Bobby" Concepción también interpretó 'Todo terminó', de la pluma de "Bobby" Manrique, y el *medley* con los boleros 'Delirio', de César Portillo de la Luz y 'La vendedora del amor' de Tito Rodríguez; todos con arreglo musical de Ray Santos.

Según refiere "Bobby" Concepción:

> «Al regreso de unas presentaciones que hicimos en los Estados Unidos, Willie hizo una reunión durante la que habló de una reestructuración de de la orquesta. Se me comunicó que no iría ya más como cantante.
> (...)

---

[134] Willie Rosario. Entrevista por el autor. 13 de marzo 2015. Puerto Rico.

Curiosamente, a mi salida del grupo, me vinculé a la orquesta La Panamericana de don Lito Peña, el compositor de 'Gracias mundo', el que había sido mi primer éxito como cantante, cuando Willie me brindó esa oportunidad.»[135]

Por otra parte, Santa Rosa en esta producción interpretó los temas arreglados por Javier Fernández: 'Cuando se canta bonito', del cubano Marcelino Guerra "Rapindey"; 'Amigo' del puertorriqueño "Perín" Vázquez, quien en ese momento disfrutaba de ser depositario del Premio Diplo como compositor del año y 'Ya no queda nada' del cantautor Pedro Arroyo.

«Conocí a Willie Rosario, a través de "Chamaco" Rivera, que era mi vecino. Más adelante, pude entregarle mis temas en la "15 de Santurce", gracias a la recomendación de don Rafael Viera, que siempre impulsaba mi carrera. Lo que hice fue identificar muy bien el sonido de Willie Rosario y asimilar el estilo de sus cantantes. El maestro grabó, en total, tres temas míos, el más sonado fue «Ya no queda nada». Vivo agradecido con él, por haber contado con mi trabajo para su extraordinaria orquesta»[136], expresó Arroyo.

---

[135] "Bobby" Concepción. Entrevista por el autor. 10 de julio 2018.
[136] Pedro Arroyo. Entrevista por el autor. 1 abril 2019.

Fotografía: Julio Costoso

1983

The Salsa Machine – Willie Rosario y su orquesta
(Top Hits Records)

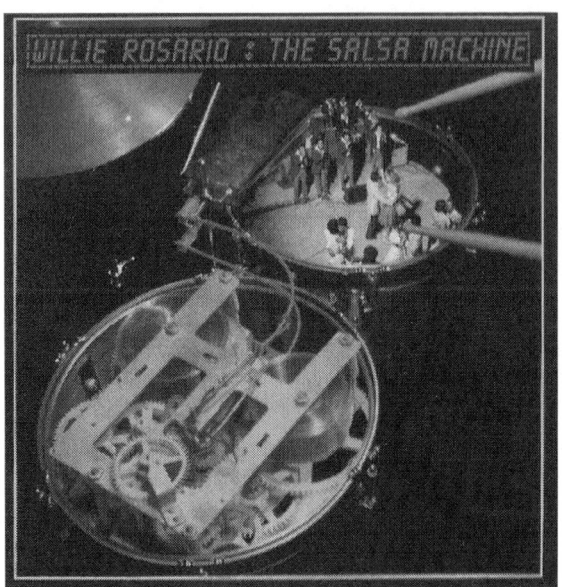

1. Busca el ritmo
2. Cuando se canta bonito
3. Bajo la luna
4. Amigo
5. Ya no queda nada
6. Delirio
7. Cuídese Compay
8. Todo terminó

Músicos:

Willie Rosario: Líder, timbales, productor
Javier Fernández: Piano
Carlos Rondán: Bajo
Jimmie Morales: Congas
Mitchell Laboy: Bongó
Luis "Madamo" Díaz: Percusión menor
"Piro" Rodríguez: Trompeta
Elliot Rodríguez: Trompeta
Mario Ortiz Jr.: Trompeta
Gerardo Santiago: Trompeta
"Beto" Tirado: Saxofón barítono
Gilberto Santa Rosa: Cantante
"Bobby" Concepción: Cantante
Tony Vega: Cantante
Mario Viera: Coro
"Yayo El Indio": Coro
**Mario Ortiz, Eddie Feijóo, "Ito" Serrano,
Nelson González:** Músicos Invitados

    Durante su paso por la compañía TH, Willie Rosario tomó parte en las producciones *Primer concierto de la familia TH* (1981), con el tema 'Te voy a liberar', autoría de Zulma Angélica y arreglo del pianista Isidro Infante, en voz de Tony Vega; y *Segundo concierto de la familia TH* (1983), con 'Mujer querida' (D.R.A), en arreglo de Ray Santos en el que hacen dúo Gilberto Santa Rosa y Tony Vega.

1981

Primer Concierto de la Familia TH – Varios artistas
(Top Hits Records)

1. **Josefina:** Andy Montañez
2. **Aléjate:** Conjunto Canayón
3. **La mentira:** "Paquito" Guzmán
4. **Viajera:** Orquesta de Tommy Olivencia
5. **Ese hombre:** Danny Rivera
6. **Estaca de Guayacán:** Marvin Santiago
7. **Una canita al aire:** Orquesta La Solución
8. **No quiero problemas:** Oscar D' León
9. **Te voy a liberar:** Orquesta de Willie Rosario
10. **Se muere por mí la niña:** Willy Chirino

1983

Segundo Concierto de la Familia TH – Varios artistas
(Top Hits Records)

1. **Que se mueran de envidia:** Tommy Olivencia
2. **El Escultor:** Freddy Kenton
3. **Mirada bella:** Andy Montañez
4. **Amor trágico:** Oscar D' León
5. **Recordar:** Willy Chirino
6. **Glosas campesinas:** Orquesta La Solución
7. **Mujer querida:** Willie Rosario
8. **La guiñaita:** "Raphy" Leavitt & La Selecta
9. **Los afortunados:** Rubby Haddock
10. **Himno al amanecer:** Danny Rivera

En el año 1984, un nuevo álbum de Willie Rosario llegó al mercado, esta vez etiquetado por el sello discográfico de su amigo y socio musical, el bajista y director de orquesta Bobby Valentín.

«Terminé mi contrato con la compañía TH y como con Bobby hemos sido socios en muchas cosas, se me hacía más fácil trabajar con su compañía, por la amistad que nos ha unido. De hecho, mi vinculación se hizo sin firmar ningún contrato»[137], acota Willie Rosario.

Bobby Valentín, Ruth Fernández, Willie Rosario, Tito Puente y Cheo Feliciano.
Fotografía: Archivo de Willie Rosario

Bobby Valentín se había establecido en Puerto Rico, desde 1969, luego de tocar en la isla en varias ocasiones y percibir que era una plaza con una considerable cantidad de trabajo. Continuó grabando con su orquesta para el sello Fania, del que era una de sus estrellas, hasta que en el año 1975 emprendió su propia compañía, que llamó Bronco Records.

---

[137] Willie Rosario. Entrevista por el autor. 11 de junio 2016. Puerto Rico.

«Instalarme en la isla fue una buena decisión, porque creo que me di a conocer más estando en Puerto Rico que en la ciudad de Nueva York. Incluso, pude iniciar el sello propio, una visión que como músico y comerciante siempre tuve muy presente. Tenía que hacer algo fuera de lo normal para introducir el sello, y como en esa época estaban de moda las grabaciones en vivo, busqué algo para atender la curiosidad del público. Por eso, los dos primeros discos de la compañía se grabaron en la Penitenciaría Estatal de Puerto Rico. Así fue como introduje el sello. Unos años más tarde, sumamos al catálogo más agrupaciones como la de Willie Rosario, La Mulenze y La Selecta»[138], relata Valentín.

Orquesta de Willie Rosario para la grabación del álbum Nuevos Horizontes.
Fotografía: Archivo de Willie Rosario

---

[138] Bobby Valentín. Entrevista por el autor. 22 de junio 2012.

1984

Nuevos Horizontes – Willie Rosario y su Orquesta
(Bronco Records)

1. Lluvia
2. Si yo tuviera un millón
3. Changó ta beni
4. Babarabatiri
5. Caramelito del campo
6. Obra sellada
7. El Plantao
8. Laura

Músicos:

Willie Rosario: Timbal, director, productor
"Ricky" Rodríguez: Piano
Carlos Rondán: Bajo
Jimmie Morales: Congas
"Tito" Echevarría: Bongós
Luis "Madamo" Díaz: Percusión menor
Fernando Marcano: Trompeta
Luis Aquino: Trompeta
Marcelo Rosario: Trompeta
Mario Ortiz Jr.: Trompeta
"Beto" Tirado: Saxo barítono
Gilberto Santa Rosa: Cantante
Tony Vega: Cantante

El álbum *Nuevos horizontes* abrió con la pieza 'Lluvia', que fue originalmente titulada 'Agua que cae del cielo', del compositor, pianista y arreglista cubano Adalberto Álvarez, cuyo arreglo corrió por cuenta de José Madera, quien señala:

«Lo hice un poquito "jazzeado". Por eso tiene algo de dificultad para la trompeta. En una ocasión que viajé a España como músico de la orquesta de Tito Puente, me encontré con Adalberto, y recuerdo que me dijo que ese arreglo era de lo mejor que había oído en su vida. Ese comentario, viniendo del autor de la obra, me llenó de satisfacción.»[139]

---

[139] José Madera. Entrevista por el autor 22 de agosto de 2018.

«El tema 'Lluvia', inicialmente, lo teníamos para hacerlo únicamente en las actividades, no con la intención de grabarlo. Pero fui dándome cuenta de que cuando lo tocábamos, el público reaccionaba de una manera increíble, entonces no tuvimos más remedio que grabarlo»[140], recuerda Willie Rosario.

Adalberto Álvarez, conocido artísticamente como El caballero del son, siempre ha manifestado abiertamente sentirse honrado de que en Puerto Rico se concentren la mayor cantidad de artistas que han versionado sus creaciones. En este caso, de su autoría también se incluyó el tema 'Obra sellada', igualmente arreglado por Madera y cantado por Gilberto Santa Rosa, quien hizo lo propio en los tradicionales 'Changó ta beni', de "Justi" Barreto, y 'Babarabatiri', de Antar Daly.

Al evocar esa época, Santa Rosa reflexiona:

«Willie logró armar un grupo muy bien cohesionado. Se ensayaba todas las semanas, religiosamente. Éramos muy orgullosos de pertenecer a la orquesta de Willie Rosario y eso hacía que sonáramos tan bien. Ahí yo tuve, no solo una escuela musical, también una escuela en administración.»[141]

Los temas interpretados por Tony Vega en el álbum *Nuevos horizontes* fueron 'Si yo tuviera un millón' (D.R.A.), con arreglo de "Eric" Figueroa; 'El plantao', composición de Henry Arana, con arreglo del pianista "Ricky" Rodríguez, recién llegado a la orquesta en sustitución de Javier Fernández, cuando este decidió marcharse para trabajar con un formato más reducido, como músico de planta en el Hotel Dupont Plaza; y 'Caramelito del campo', escrito por Johnny Ortiz, en el que se destaca un contundente solo de trompeta a cargo de Mario Ortiz padre.

---

[140] Willie Rosario. Entrevista por el autor. 14 de marzo 2019. Puerto Rico.
[141] Gilberto Santa Rosa. Entrevista por el autor. 9 de abril 2019.

De manera curiosa, 'Caramelito del campo' también fue el primer arreglo que realizó en su carrera el fenecido pianista José M. Lugo.[142]

Así lo recordaba el músico y productor:

«A Willie Rosario le debo el hecho de que yo pudiera convertirme en arreglista, porque cuando yo tocaba con el maestro Bobby Valentín, coincidimos con Willie en un baile de graduación, en la Casa de España, en Puerta de Tierra. Allí me encargó un arreglo. Yo le dije que en realidad no sabía como hacerlo. Entonces, él me respondió: <comienza a hacerlo de la misma manera en que tocas el piano>. Compré un libro de Rosell García, que traía una guía sobre como hacer arreglos, y lo estudié cuidadosamente. Me atreví, porque de atrevidos está lleno el mundo. A las dos semanas, le entregué el arreglo de 'Caramelito del campo' a Willie y ahí me inicié en esa área de esta bonita profesión.»[143]

El álbum *Nuevos horizontes* también resultó significativo en la carrera de Luis Aquino, quien actualmente es considerado uno de los trompetistas más grabados de Latinoamérica, y una referencia obligada en materia de salsa, merengue y *pop*. Este disco en particular marcó el debut de Aquino en grabaciones para la orquesta de Willie Rosario.

---

[142] José Manuel Lugo Emanuelli, "Luguito". (6 de mayo de 1960; Fajardo, Puerto Rico - 12 de junio de 2016, San Juan, Puerto Rico). Sus inicios se dieron con la Orquesta Exposé. Tuvo una época brillante con la orquesta de Bobby Valentín. Como arreglista participó en producciones de "Cano" Estremera, Los Hermanos Moreno, Rey Ruiz, Jerry Rivera, Issac Delgado, Víctor Manuelle y Gilberto Santa Rosa, del que fue su director musical, hasta que en 2008 fundó su propia agrupación, Guasábara, con la que publicó los álbumes: *Piano con mata* (2004), *Guasábara José Lugo Orchestra* (2008), *Poetic Justice* (2011) y *Dónde están* (2016). José M. Lugo trabajó en calidad de productor en el especial del Banco Popular de Puerto Rico ¡*Sonó, sonó... "Tite" Curet!* (2011), en el que participaron artistas como Cheo Feliciano, Rubén Blades, Andy Montañez, Trina Medina, Calle 13, Tego Calderón, entre otros, quienes interpretaron algunos de los temas más emblemáticos de Catalino Curet Alonso.

[143] José M. Lugo. Entrevista por el autor. 19 de noviembre 2012.

«Cuando yo tocaba con la orquesta de Tommy Olivencia, Willie Rosario me contactó a través de algún mensajero. Recuerdo que yo llegué solo a la oficina de Willie siendo un adolescente de dieciséis años.»[144]

Ese encuentro derivó en su ingreso formal a la orquesta de Míster Afinque. En un gesto de pasión por la música, Aquino incluso recuerda con humildad, que aceptó una remuneración más modesta que la que recibía con la Primerísima de Tommy Olivencia para unirse a la orquesta de Willie Rosario.

«Willie me ofreció quince dólares menos por baile y acepté porque yo quería tocar con su orquesta. Siendo yo trompetista, la combinación de cuatro trompetas y un saxofón barítono me atraía y me sigue atrayendo mucho. Solamente fui parte de la banda de Willie Rosario por un año y grabé en la producción *Nuevos horizontes*. Luego fui llamado como músico de estudio, no como parte de la banda, para grabar en dos producciones más.»[145], aclara Aquino.

«Willie Rosario es parte del grupo de personas que piensa que la salsa es para el bailador y no debe ser una repartición de palos en el timbal o en la percusión. El bailador baila con el ritmo y no con un *show* de adrenalina. Willie también se aventuró a pedirle a los arreglistas que pusieran frases tipo *jazz* en las trompetas. Esa combinación de un buen afinque en la sección de ritmo y los metales tocando de una manera más hacia el *jazz* funcionaron muy bien. Desde mi punto de vista, ese es el gran aporte de Willie Rosario. Eso era lo que me fascinaba a mí de ese grupo, y sigue fascinándome hoy.»[146], concluye el trompetista.

---

[144] Luis Aquino. Entrevista por el autor. 11 de diciembre de 2023.
[145] Luis Aquino. Entrevista por el autor. 11 de diciembre de 2023.
[146] Luis Aquino. Entrevista por el autor. 11 de diciembre de 2023.

Willie Rosario frente a su instrumento.
Fotografía: Archivo de Robert Padilla

El cantautor mexicano José José y Willie Rosario en la Ceremonia del Premio Grammy, 1987. Fotografía: Archivo de Willie Rosario

Una nueva cosecha

Cuando a mediados de los años 80 el fenómeno del merengue estaba en auge y captaba la atención masiva, Wilie Rosario no desistió en el firme propósito de afianzar con orgullo la bandera de la salsa.

Es innegable que la experiencia musical vivida junto a Míster Afinque se convirtió, tanto para Tony Vega como para Gilberto Santa Rosa, en una plataforma determinante para su posterior proyección y aceptación popular.

«Con Willie aprendimos como comportarnos en la tarima, como dirigirnos a un público con profesionalismo, en otras palabras, como ser verdaderos artistas. Obviamente, todas las agrupaciones en las que yo estuve aportaron a mi desarrollo musical, pero la orquesta de Willie Rosario fue más que eso, porque si uno se graduaba en esa escuela, ya tenía las credenciales para poder lanzarse como solista»[147], expresa Tony Vega.

«En esa época, yo les decía: <aquí tengo estos temas, ¿cuáles les gustaría grabar?> Para mí, era importante que pudieran escogerlos, porque soy un convencido de que uno puede hacer las cosas bien, si primero hay gusto. Por eso les decía: <cualquiera que ustedes escojan, está bien para mí>»[148], recuerda Rosario.

Para septiembre de 1984, lo que muchos podrían calificar como una casualidad, permitió la entrada de otro músico de primer nivel a la orquesta. Mientras caminaban por alguna calle de la ciudad de San Francisco, en plena gira por los Estados Unidos, el trompetista Mario Ortiz Jr. y el conguero Jimmie Morales fueron abordados por su colega Humberto Ramírez, quien llevaba casi cuatro años fuera de la isla,

---

[147] Tony Vega. Entrevista por el autor. 3 de diciembre 2009.
[148] Willie Rosario. Entrevista por el autor. 13 de marzo 2015. Puerto Rico.

adelantando estudios de composición y orquestación en Dick Grove School of Music, en Los Ángeles, California.

«Resulta que la orquesta de Willie Rosario tocaba esa noche. Comencé a conversar con ellos; y les conté que tenía pensado regresar a Puerto Rico, porque me hacían falta recursos para continuar mis estudios. Entonces, Mario me dijo: <me voy a ir de la orquesta de Willie, porque voy a comenzar a trabajar con mi padre, tú serías un buen candidato para esta agrupación>»[149], refiere Ramírez.

Efectivamente, Mario Ortíz Jr. le sugirió el nombre de Humberto Ramírez a Willie Rosario y este lo convocó a un ensayo, un par de semanas después.

«Willie me hizo la prueba, colocándome un número para que yo hiciera la primera trompeta. Luego, ya en privado, Willie me ofreció el trabajo, por eso, no regresé a los Estados Unidos a continuar mis estudios. Aunque Tommy Olivencia también me había hecho un ofrecimiento, luego de consultarlo con mi padre, decidí irme con Willie Rosario, porque comprendí que esa decisión iba a contribuir en mi desarrollo musical»[150], recuerda el trompetista Humberto Ramírez, quien debutó en la orquesta el 28 de septiembre de ese 1984, en el marco de las Fiestas patronales de Yabucoa, conocido como el municipio de los azucareros.

«Yo no tenía para ese tiempo vehículo para transportarme. Entonces Gilberto Santa Rosa, con quien yo había estudiado en la escuela de música, fue a buscarme, pero por el alto tráfico que había, no llegamos al lugar con la suficiente anticipación. (…)

---

[149] Humberto Ramírez. Entrevista por el autor. 14 de octubre 2018.
[150] Humberto Ramírez. Entrevista por el autor. 14 de octubre 2018.

Cuando Gilberto encontró lugar para estacionar el automóvil, me dijo: <adelántate, porque esta es tu primera actividad con Willie y yo quiero estar seguro de que él sepa que eres una persona responsable. Déjame a mí llegar tarde hoy>. Yo le tomé la palabra y así lo hicimos, fue un tremendo gesto de amistad por parte de Gilberto»[151], asegura Humberto Ramírez.

Willie Rosario y Gilberto Santa Rosa. (2018).
Fotografía: Archivo de Gilberto Santa Rosa

---

[151] Humberto Ramírez. Entrevista por el autor. 14 de octubre 2018.

1985
Afincando – Willie Rosario y su Orquesta
(Bronco Records)

1. Botaron la pelota
2. Son tus cosas
3. Al fin te fuiste
4. Estoy en ti
5. Magdalena
6. Vuélveme a querer
7. Enamorado a lo divino
8. El barquillero

Músicos:

Willie Rosario: Timbal, director, productor
"Ricky" Rodríguez: Piano
Carlos Rondán: Bajo
Jimmie Morales: Congas
"Tito" Echevarría: Bongós
Luis "Madamo" Díaz: Percusión menor
Humberto Ramírez: Trompeta
Fernando Marcano: Trompeta
Luis Aquino: Trompeta
Marcelo Rosario: Trompeta
"Beto" Tirado: Saxo barítono
Gilberto Santa Rosa: Cantante
Tony Vega: Cantante

Orquesta de Willie Rosario en la Televisión puertorriqueña (1984).
Fotografía: Archivo de Willie Rosario

El primer éxito de *Afincando*, producción con la que Willie Rosario celebró el veinticinco aniversario de su orquesta, fue el tema 'Botaron la pelota', del insigne compositor puertorriqueño Pedro Flores[152].

«A Willie le agradezco que me diera la oportunidad de seleccionar canciones. Él confiaba en mi criterio y eso me ayudó, eventualmente, a escoger parte de mi repertorio. A pesar de esos esfuerzos, la orquesta nunca viajó a Suramérica en la etapa que a mí me correspondió. En una ocasión, le llevé a Willie, 'Botaron la pelota' en un *cassette*. El original lo había grabado Pedro Flores con su cuarteto. Cuando se lo llevé, por alguna razón, Willie no le prestó mucha atención. Tiempo después, Willie estaba un poco atrasado con el material de *Afincando* y me dijo que le llevara el tema aquel de la pelota, se lo llevé, le dio el arreglo a Madera y, definitivamente, fue un número muy bien aceptado por el público»[153], describe Santa Rosa. El segundo sencillo del álbum que, desde luego, logró gran impacto en el público, fue el tema 'Son tus cosas', del compositor y bajista Charlie Donato.

«Con Gilberto Santa Rosa nos conocíamos desde cuando compartíamos en grupos locales en Carolina, Puerto Rico. Cada vez que la orquesta de Willie Rosario viajaba a Nueva York, aprovechábamos para ir a cenar. En uno de esos encuentros, mientras yo era músico de la orquesta de Louie Ramírez, Gilberto me comentó que ya estaban en el proceso de grabar un nuevo disco, entonces le presenté la canción

---

[152] Pedro Flores (Naguabo, Puerto Rico. 9 de marzo de 1894. San Juan, Puerto Rico, 13 de julio de 1979). Estudió Magisterio y ejerció la docencia en distintas escuelas. En 1918 enlistó al ejército estadounidense, donde pasó a hacer parte del Regimiento 375, para hombres de raza negra. En 1926, se unió en Nueva York al Trío Borinquen, del también compositor Rafael Hernández. En 1930 formó su propio grupo: El Cuarteto Flores. Posteriormente se trasladó temporalmente a México donde se grabó la primera versión de 'Botaron la pelota' con la voz de "Yayo El Indio". Luego de un breve periplo por Cuba, Pedro Flores regresó a la ciudad de Nueva York donde reorganizó su grupo. Retornó a Puerto Rico en 1967, donde continuó componiendo canciones. En el año 1973, el Senado de Puerto Rico le otorgó un reconocimiento por su obra musical.
[153] Gilberto Santa Rosa. Entrevista por el autor. 9 de abril 2019.

y por medio de él fue que llegó a manos de Willie. Con ese tema, se abrió la puerta para que después pudiera escribirle otras canciones»[154], menciona Donato.

«Cuando comencé a trabajar oficialmente con la orquesta, inmediatamente, me di cuenta de que Willie confiaba en mi talento. 'Son tus cosas' fue mi primer arreglo para su agrupación, y eso me sirvió mucho porque luego de que el tema se escuchó, comenzaron a llamarme distintas figuras de la salsa para que les hiciera arreglos»[155], evoca Humberto Ramírez.

Como sucedió con 'Botaron la pelota' y 'Son tus cosas', Santa Rosa también instauró su sello vocal a 'Enamorado a lo divino', de la inspiración de Peter Velázquez y 'Al fin te fuiste', de Joseíto González. Mientras que Tony Vega hizo lo propio con 'Estoy en ti', de "Niño Jesús"; 'Vuélveme a querer', de Adalberto Álvarez; 'Magdalena', de Peter Velázquez y 'El barquillero', una creación conjunta de Félix Castrillón y Rafael Elvira.

Con la publicación de *Afincando*, álbum en el que participaron Marcelo Rosario, Isidro Infante, José M. Lugo y los habituales Bobby Valentín y José Madera, en calidad de arreglistas; apenas despuntó el tema 'Botaron la pelota', la orquesta de Willie Rosario tuvo que partir a una extensa gira por los Estados Unidos, visitando Nueva York, Chicago, California y Connecticut.

A criterio del conguero Jimmie Morales, en aquella temporada, con la acertada combinación de voces de Gilberto Santa Rosa y Tony Vega se logró gran acople y estos cantantes, ya más maduros, le imprimieron un nuevo aire a la orquesta, que gozaba de gran popularidad dentro y fuera de Puerto Rico.

---

[154] Charlie Donato. Entrevista por el autor. 4 de julio 2018.
[155] Humberto Ramírez. Entrevista por el autor. 14 de octubre 2018.

«Aparte del excelente trabajo que ellos hacían durante las actividades, era notable que se llevaban muy bien, había un compañerismo único entre ellos y una buena química. Siempre estaban compartiendo ideas para hacer cada vez mejor su trabajo»[156], recuerda el percusionista.

Anuncio. Baile de la orquesta de Willie Rosario junto a Héctor Lavoe, Johnny Pacheco y Pete "El Conde" Rodríguez (1984). Fotografía: Archivo de Gilberto Santa Rosa

Ese compañerismo al que se refirió Jimmie Morales se extendía a todos los niveles, según recuerda sonriente Gilberto Santa Rosa:

«Durante los viajes con la orquesta, como éramos compañeros de cuarto en el hotel, llegábamos a algunos acuerdos. Por ejemplo, mientras Tony planchaba nuestras camisas o brillaba los zapatos, yo

---

[156] Jimmie Morales. Entrevista por el autor. 12 de septiembre 2017

era el encargado de levantarme a cambiar el canal de televisión. Por eso, siempre me correspondía la cama que estuviera más cercana al televisor.»[157]

A inicios de 1986, Willie Rosario comenzó a planear la que fue su próxima producción discográfica, el álbum número veintitrés de su carrera y cuarto para el sello Bronco, propiedad de Bobby Valentín. La producción le correspondió, por justicia, a Humberto Ramírez. Así lo recuerda el trompetista:

> «Willie me citó en su oficina en Santurce, y me preocupé porque pensé que había hecho algo malo y podría llamarme la atención. Llegué al lugar un poco nervioso y me dijo: <he visto la forma en que te comportas, y tu compromiso con el trabajo, por eso creo que estás listo para producir mi próximo disco>. Yo era un muchacho de apenas veintidós años, que estaba dándome a conocer gracias a él, por eso digo que de los muchos privilegios que he tenido en la vida, ese fue uno muy especial.»[158]

La producción se llamó *Nueva cosecha* y es recordada, entre muchos detalles, porque por primera vez se registró el hoy famoso "¡Camínalo!", el grito de batalla que identifica al denominado Caballero de la salsa.

«El maestro Willie Rosario es el responsable de que yo usara por primera vez la palabra "¡Camínalo!" en una grabación. A Willie le satisfacía que sus cantantes usaran frases que enriquecieran la parte instrumental de los temas. Durante la grabación, del que fue mi último disco como cantante de su orquesta, me pidió varias veces a través del audífono, que hiciera uno de esos comentarios, pero realmente

---
[157] Gilberto Santa Rosa. Entrevista por el autor. 18 de agosto 2009. Bogotá.
[158] Humberto Ramírez. Entrevista por el autor. 14 de octubre 2018.

a mí no se me ocurría nada. Un poco molesto por haberme insistido sin lograr el objetivo, me gritó desde el control: <¡Chiquito, di algo ahí!>, y del susto lo único que me salió fue: "¡Camínalo!". Willie dijo: <¡eso mismo!> Así quedó en la grabación. Desde entonces, es el término que me identifica», evoca Santa Rosa.[159]

Nueva cosecha, producción nominada al Premio Grammy como mejor disco de música tropical de 1986, expuso un repertorio exquisito: 'Me tendrán que aceptar', de la pluma de Carlos Roque, con arreglo del pianista de la orquesta, "Ricky" Rodríguez; 'El tiempo será testigo', original del compositor, pianista y director de orquesta cubano Ernesto Duarte[160], 'Dame tu amor, morenita', canción escrita por Willie Rosario, como una dedicatoria a su esposa Ada, grabada por primera vez en 1963, cuando su orquesta no tenía incorporado aún el saxo barítono y revitalizada para la ocasión mediante arreglo de Humberto Ramírez y 'Ave María morena', originalmente una guaracha del cubano Luciano "Chano" Pozo, conocida ocasionalmente como 'Yambú', y arreglada por José Febles. Sobre la grabación de esa pieza en particular, Humberto Ramírez recrea la siguiente anécdota:

> «Llevé *El libro de la salsa* del venezolano César Miguel Rondón al estudio de Vinny Urrutia, en Puerta de Tierra, donde esa noche estábamos grabando con Willie y el ingeniero Rei Peña, el tema 'Ave María

---

[159] Gilberto Santa Rosa. Entrevista por el autor. 29 diciembre 2012. Cali, Colombia.

[160] Ernesto Duarte Brito. Pianista, compositor y orquestador (Jovellanos, Cuba, 11 de noviembre de 1922 – Madrid, España. 3 de abril de 1988). Realizó sus estudios musicales en la ciudad de Matanzas. En 1943, se desempeñó como pianista de la orquesta Hermanos Lebatard dirigida por el saxofonista Germán Lebatard. Luego se vinculó a la Orquesta Continental y al Conjunto Colonial. Duarte es el autor del célebre bolero 'Como fue', que alcanzó fama tras la interpretación de Benny Moré, y del que se han hecho incontables versiones. También es el compositor del son '¿Dónde estabas tú?', también popularizado por el Benny y de los boleros 'Anda, dilo ya' y 'No lo digas'; como también de los sones 'Nicolasa' y 'El baile del pingüino'. En 1961 Duarte viajó a Madrid para promocionar su obra musical. Allí estableció la orquesta Sabor Cubano. Años después fue contratado como director musical de la RCA Víctor en España. En 1974 fundó la discográfica Duher, con la que realizó remasterizaciones de grabaciones cubanas de antaño.

morena'. Me dirigí al atril, donde minutos después iba a estar Gilberto poniendo su voz, y como él es tan fanático de Tito Rodríguez, le dejé abierta la página donde aparecía una foto grande de Tito. Realmente lo hice para molestarlo, para ver si se ponía nervioso… (Risas) Luego de tomarle la voz, regresé con el libro a la cabina y le dije a Willie: <Le puse esto a Gilberto, para ver como reaccionaba>, y Willie me contestó: <Ese que tú ves ahí, va a ser el próximo Tito Rodríguez, y aún más grande>»[161].

El trompetista y productor comparte el relato, porque según afirma: «muchas de las cosas que Willie Rosario visionó sobre los integrantes de su orquesta ocurrieron, sin falla, con posterioridad»[162].

---

[161] Humberto Ramírez. Entrevista por el autor. 14 de octubre 2018.
[162] Humberto Ramírez. Entrevista por el autor. 14 de octubre 2018.

1986
Nueva cosecha – Willie Rosario y su Orquesta
(Bronco Records)

1. Me tendrán que aceptar (Tu abuelo y tu papá)
2. Dime que sí
3. El tiempo será testigo
4. Ayer
5. Tristeza y dolores
6. Dame tu amor, morenita
7. Cuando no hay cariño
8. Yambú (Ave María morena)

Músicos:

Willie Rosario: Timbales, director
"Ricky" Rodríguez: Piano
Carlos Rondán: Bajo
Jimmie Morales: Conga
"Tito" Echevarría: Bongó
Luis "Madamo" Díaz: Percusión menor
Humberto Ramírez: Trompeta, productor
Marcelo Rosario: Trompeta
Carlos L. Martínez: Trompeta
Heriberto Santiago: Trompeta
"Beto" Tirado: Saxo Barítono, Flauta
Gilberto Santa Rosa: Cantante
Tony Vega: Cantante
Mario Viera, "Pupy" Torres: Coros
Mario Cora, "Rafú" Warner: Invitados

En el álbum *Nueva cosecha*, Tony Vega interpretó 'Dime que sí', composición de Tommy Sánchez, 'Tristeza y dolores' (D.R.A.) y 'Ayer', de Henry Arana, piezas que contaron con los arreglos de José Madera y Humberto Ramírez, respectivamente.

Aunque Anthony "Pupy Cantor" Torres aparece en los créditos del álbum únicamente como corista, alcanzó a poner su voz al tema 'Cuando no hay cariño', autoría del compositor dominicano Francisco Alejandro Villaman, conocido como "Chico" Alejandro.

Anthony Torres, sobrino del famoso bailarín "Sansón Batalla", bautizado como "Pupy Cantor" por el cantante Héctor Lavoe durante un espectáculo en la ciudad de Nueva York, recuerda su ingreso a la orquesta de Míster Afinque:

«Yo acostumbraba a visitar los clubes para apreciar las diferentes orquestas. Una noche, quise ir a ver la orquesta de Willie Rosario porque estaban muy pegados en Nueva York. Gilberto y Tony me invitaron a subir a la tarima y compartimos agradablemente. Fue Gilberto quien me recomendó con Willie, porque él ya tenía la idea de irse como solista. Gilberto le dijo a Willie que yo estaba decidido a regresar a Puerto Rico y eso le causó cierto interés. Entré a la orquesta cuando ya estaba bien adelantada la producción *Nueva cosecha*.»[163]

Con la orquesta de Willie Rosario, Gilberto Santa Rosa logró evolucionar y perfeccionar su estilo interpretativo. Sin embargo, luego de poco más de cinco años de intenso trabajo y una destacadísima participación en seis producciones discográficas, tomó la decisión de separarse de la agrupación para darle un giro a su carrera.

«Con Willie Rosario maduré mucho, definitivamente, estaba viviendo un muy buen momento, pero también noté que nuestros intereses musicales eran distintos. En esa época, lo establecido era que un cantante tuviera experiencia con algunas orquestas para ganarse el reconocimiento del público a través del trabajo bien hecho y, entonces, así, podía aspirar a tener una carrera como solista. Yo seguí esa ruta, pertenezco a esa escuela»[164], confiesa Santa Rosa.

El intérprete destaca que, antes de manifestarle la decisión de irse de la orquesta a Willie Rosario, consultó su idea con Rafael Ithier, el fundador y director de la llamada Universidad de la salsa, El Gran Combo de Puerto Rico.

«Cuando tuve el respaldo de mi familia, fui a casa de Rafael Ithier y le comenté mi deseo de ser solista. Luego de escucharme, Ithier me dijo que le expusiera claramente mis intenciones a Willie, que fuera transparente, son como códigos de lealtad. Así lo hice, le di el aviso a Willie. Realmente, era un riesgo muy grande, porque en aquel momento la música bailable

---

[163] "Pupy Cantor". Entrevista por el autor. 26 de abril 2018. Puerto Rico.
[164] Gilberto Santa Rosa. Entrevista por el autor. 9 de abril 2019.

más popular era el merengue. Habíamos perdido cierto terreno, y querer ser un salsero a mediados de los ochenta, era todo un reto. A través de Rafael Ithier conseguí mi primer contrato discográfico, una producción dirigida por Mario Ortiz que afortunadamente tuvo el apoyo determinante de la radio y la televisión. El respaldo del público a la propuesta fue casi inmediato.»[165]

Pero no solo Santa Rosa se marchó en ese momento, Tony Vega tomó una decisión idéntica, al poco tiempo. Así lo expone el intérprete:

«En aquel momento, dividía mi labor de cantante con mi trabajo de oficina en una compañía que se dedicaba a pulir diamantes. Resultó que la compañía cerró operaciones y me quedé sin trabajo de la noche a la mañana.»[166]

Esta situación obligó a Vega a trasladarse a la ciudad de Nueva York, donde todo cambió.

«Al poco tiempo de estar en Nueva York, me llamó el promotor Héctor Maisonave y me dijo que Louie Ramírez me estaba buscando para hacer una grabación compartida con el cantante Jorge Maldonado. Fue un disco llamado *La Súper Banda*, teniendo como productor a Isidro Infante.»[167]

Esta situación no desanimó a Rosario, quien afirma:

«La temporada que estuvieron Tony y Gilberto fue una de las más productivas para la orquesta. Ellos aportaron su talento al trabajo del grupo, la orquesta dio buenos frutos en ese tiempo, pero son etapas que

---

[165] Gilberto Santa Rosa. Entrevista por el autor. 29 diciembre 2012. Cali, Colombia.
[166] Tony Vega. Entrevista por el autor. 3 de diciembre 2009.
[167] Tony Vega. Entrevista por el autor. 3 de diciembre 2009.

corresponden a ciertos momentos y hay que avanzar.»[168]

La salida de los cantantes de su orquesta, sin lugar a duda un binomio ganador, no fue lo único que tuvo que afrontar Willie Rosario en aquel momento. La sección de ritmo, que había logrado consolidar, también se vio afectada cuando los músicos "Tito" Echevarría (bongosero) y Jimmie Morales (conguero) se sumaron a la naciente agrupación de Santa Rosa, generando otro cambio significativo dentro de la orquesta.

«Willie me preguntó que si yo me iba a ir con Gilberto. Yo le manifesté que no, que solo lo estaba ayudando a ensayar su orquesta, porque aún no tenía un conguero definido. Luego, el músico que iba a colocar la conga en la primera grabación de Gilberto falló, entonces yo colaboré en la grabación. Después de eso, fue que vino el ofrecimiento formal para vincularme a su orquesta»[169], aclara Jimmie Morales.

Ante el ofrecimiento, y luego de consultar la decisión con su mamá, Morales elaboró una carta anunciando su salida de la orquesta dos semanas más adelante, comunicado que no pudo entregarle a Willie Rosario porque en el momento en que Jimmie se presentó en su oficina, el bongosero "Tito" Echevarría ya le estaba notificando a Willie que se iba con Santa Rosa.

«Vi a Willie un poco indispuesto y me dije: <no voy a entregar esta carta hoy>. Hasta el día siguiente hablé con él. Acordamos que yo acompañaría a la orquesta durante la gira a los Estados Unidos que se aproximaba y luego partiría. Aunque yo quería vivir una nueva etapa, salir de la orquesta de Willie fue un momento triste porque cuando él me dio la oportunidad en su agrupación, "Papo" Pepín era el conguero del momento. Verdaderamente, el maestro me pulió, me

---

[168] Willie Rosario. Entrevista por el autor. 13 de marzo 2015. Puerto Rico.
[169] Jimmie Morales. Entrevista por el autor. 26 de febrero 2019.

moldeó el estilo. Willie me daba las indicaciones de espacio y tiempo para hacer los adornos en la conga. Todos esos detalles, que yo conozco ahora, se los debo al maestro Willie Rosario»[170], concluye Morales, quien tocó por última vez, como miembro oficial de la orquesta de Míster Afinque, en junio de ese 1986 durante las fiestas patronales de Isabela, en la costa noroeste de Puerto Rico. Años más tarde, se encontró nuevamente con su maestro, participando en algunas de sus producciones en calidad de invitado.

Willie Rosario junto a Jimmie Morales.
Fotografía: Archivo de Jimmie Morales

---

[170] Jimmie Morales. Entrevista por el autor. 26 de febrero 2019.

Pedro Morales, "Don Perignon" y Willie Rosario en el Tropicana Club, Puerto Rico.
Fotografía: Archivo de Pedro Morales

Leyenda de la salsa

Fue en 1985, mientras se desempeñaba como trompetista para la orquesta La Primerísima de Tommy Olivencia, que Julito Alvarado pudo estrechar, por primera vez, la mano del maestro Willie Rosario, durante alguno de los bailables en los que alternaban ambas agrupaciones. Transcurrieron apenas algunos meses para que Julito comenzara a ser parte de la orquesta de Míster Afinque.

«Mi amigo Humberto Ramírez me comentó sobre la posibilidad de ser parte de la orquesta, opción que me interesó mucho, pues mi deseo era estar más estable en Puerto Rico en vez de mantenerme viajando, porque quería seguir desarrollándome como arreglista y tener otras oportunidades dentro de la industria musical. La música de Willie era, sin duda alguna, el repertorio más difícil de ese tiempo y, posiblemente, así es hasta el día de hoy.»[171]

En 1986, durante las fiestas patronales del pueblo de Río Grande, Julito Alvarado acudió a escuchar y ver a la orquesta de Rosario, de una manera más detallada.

«Humberto me refirió con Willie y acordamos conversar sobre la oportunidad de entrar a su agrupación. Cuando se hizo oficial la oferta, renuncié a la orquesta de Tommy Olivencia y un par de semanas después comencé con Willie Rosario. Fue muy emocionante porque desde mis comienzos con la trompeta, acostumbraba a escuchar la música de Willie. Era una inspiración para mí. Pero hasta ese momento no me había imaginado que algún día estaría en la fila de su orquesta, y mucho menos que con el tiempo iba a arreglar y producir para él. Fue un gran regalo y una bendición de Dios»[172], señala el trompetista.

---

[171] Julito Alvarado. Entrevista por el autor. 14 de febrero 2019.
[172] Julito Alvarado. Entrevista por el autor. 14 de febrero 2019.

Considerando la ausencia de los vocalistas que habían marcado un periodo brillante en la orquesta de Willie Rosario, surgió la necesidad de preparar un nuevo disco. Se trató de la producción *A Man of Music*, encargada por Rosario a Humberto Ramírez. El álbum significó un reto porque requería establecer un nuevo sonido a nivel de cantantes, sumado al hecho de que la producción anterior no tuvo la suficiente posibilidad de evolucionar con éxitos en la radio.

De acuerdo con Ramírez:

«Ese es el momento donde yo siento que Willie me da vía libre para dar opiniones en su orquesta, situación que asumí con suma responsabilidad.»[173]

Orquesta de Willie Rosario (1988).
Fotografía: Archivo de Julito Alvarado

En esa época, el percusionista y hábil artesano Antonio "Pipo" García se unió a la orquesta de Willie Rosario, tras su paso por La Selecta de "Raphy" Leavitt y por La Primerísima de Tommy Olivencia.

---

[152] Humberto Ramírez. Entrevista por el autor. 14 de octubre 2018.

Conforme a lo que rememora Antonio "Pipo" García:

«Cada lunes, nos dirigíamos a la oficina de Tommy Olivencia en la Parada 15, en Santurce, para recibir nuestro pago. Las oficinas de Tommy y de Willie estaban una frente a la otra. En una ocasión, mientras yo iba saliendo, Willie Rosario me llamó y me dijo: <"Pipo", ven acá un momento.> Ese día me ofreció la oportunidad de unirme a su orquesta como conguero. Acepté el cambio porque la agrupación de Tommy Olivencia estaba constantemente de gira, lo que limitaba mi tiempo con la familia. Al recibir la oferta de Willie, yo vi luz, ya que sabía que su orquesta no viajaba tanto. Estaba consciente de que tendría más oportunidades de trabajo dentro de Puerto Rico.»[174]

Ese mismo día "Pipo" García regresó a la oficina de Tommy Olivencia y le comunicó su decisión de unirse a la orquesta de Willie Rosario. Consciente de que Olivencia estaba preparando la que sería su nueva producción discográfica, entabló una conversación con Celso Clemente para gestionar la participación de su tío "Papo" en la grabación con La Primerísima de Olivencia.

«La experiencia musical con Willie Rosario, entre todas las que he experimentado, resultó ser la más enriquecedora en todos los aspectos, la más completa. Al integrarme a la orquesta, ya yo poseía un entendimiento más profundo de la música, la tarima, el estudio y el proceso de grabación. Además, desde mi juventud esa era la orquesta que ocupaba un lugar especial en mi corazón; era la orquesta que me movía, la que siempre me había inspirado. De hecho, cuando grabamos el álbum *A Man of Music*, me sentí como si hubiera estado con ese grupo toda mi vida.»[175]

---

[174] Antonio "Pipo" García. Entrevista por el autor. 20 de abril de 2023. Puerto Rico.
[175] Antonio "Pipo" García. Entrevista por el autor. 20 de abril de 2023. Puerto Rico.

1987
A man of music – Willie Rosario y su Orquesta
(Bronco Records)

1. Me vas a echar de menos
2. Chenchere guma
3. Ya no importa
4. La flauta y el violín
5. El callejero
6. Poco a poco
7. A Maina
8. Don Juan

Músicos:

Willie Rosario: Timbales, director
"Ricky" Rodríguez: Piano
Carlos Rondán: Bajo
"Pipo" García: Congas
"Rafi" Villegas: Bongó
Luis "Madamo" Díaz: Güiro
Humberto Ramírez: Trompeta
Heriberto Santiago: Trompeta
Julito Alvarado: Trompeta
Guillermo Calderón: Trompeta
"Beto" Tirado: Saxofón barítono
"Pupy Cantor" Torres: Cantante
Josué Rosado: Cantante
"Rafú" Warner: Artista invitado
Mario Cora: Artista invitado
Jerry Rivas: Artista invitado
Humberto Ramírez: Productor
Willie Rosario: Supervisor de grabación

El repertorio del álbum estuvo compuesto por los temas 'Me vas a echar de menos', balada del compositor español Rafael Pérez Botija, popularizada por el mexicano José José; 'Ya no importa', escrita por Humberto Ramírez cuando estudiaba en la ciudad de Boston, en Berklee College of Music; 'Don Juan', de Adalberto Álvarez y 'Poco a poco', autoría del pianista, compositor, arreglista y director de orquesta venezolano Aldemaro Romero, con quien Rosario trabajó en sus inicios en la ciudad de Nueva York. Todos estos fueron interpretados por Josué Rosado, vocalista que venía de la agrupación Concepto Latino, de José "Cuco" Pérez.

«Llegué a la orquesta de Willie Rosario por recomendación del pianista José Lugo. El maestro Rosario me citó en las fiestas patronales de Arecibo, cerca de Camuy, donde yo residía. Allí llegué y canté.

En el receso, el maestro Rosario me dijo que lo había hecho bien y que le gustaría que yo fuera a un ensayo. Cuando llegó el día, la prueba de fuego fue cantando boleros. A la siguiente semana, me llamó para decirme que ya tenían el cantante para la orquesta. Yo le respondí que de todas maneras le agradecía por invitarme a audicionar con su orquesta y que le deseaba muchos éxitos al elegido. Entonces, el maestro me dijo: <¡Te estoy llamando porque el elegido eres tú!> Así empecé una nueva etapa de mi carrera, que duró tres años y seis meses»[176], recuerda Josué Rosado.

Por su parte, "Pupy Cantor" Torres puso su voz a 'Chenchere guma', un clásico del cubano "Justi" Barreto; 'La flauta y el violín', del habitual Henry Arana; 'Maina', composición del cantautor venezolano Freddy José Bogado[177], a quien llamaban "Alfredy", en el ambiente musical de Caracas y 'El callejero', tema escrito por Charlie Donato.

«Como Willie Rosario ya me había grabado 'Son tus cosas', y había funcionado bien; entonces, me solicitó un nuevo tema para que lo cantara "Pupy". Resulta que él y yo somos amigos desde que estábamos en Nueva York, entonces, lo que hice fue enfocarme en escribir algo que lo identificara, y como él era una persona callejera, que disfrutaba de estar en la esquina, llevé esa idea al campo del amor de pareja. Para mí, fue una cosa sencilla. La salsa es un ritmo callejero, pueblerino, y cuando se habla de 'El callejero', muchas parejas se identifican con ese mensaje. A mí me sigue llamando la

---

[176] Josué Rosario. Entrevista por el autor. 2 de abril 2019.
[177] Freddy José Bogado (1943-2015). Destacado por su trabajo como cantante en agrupaciones como El Grupo Ashe, El Grupo Mango, Naty y su Charanga, La Magnífica de Elio Pacheco y el Ensamble La Calle, un septeto con el que justamente Bogado grabó la primera versión de 'A Maina' en único trabajo discográfico realizado para la división latina del sello Sonotone Records. Maina es un nombre exótico, posiblemente de procedencia hindú, que se ha vuelto muy familiar para los seguidores de la salsa.

atención que el público haya aceptado tanto el tema.»[178]

«Estar en *A man of music* fue una experiencia increíble, un sueño convertido en realidad. Yo estaba apenas comenzando en la orquesta y, por eso, fue un gran privilegio ser parte de ese sonido único, junto a mis compañeros. El álbum es un conjunto de ideas por parte de los arreglistas, distintos matices, fraseos y armonías sobre una base sólida, mucha elegancia, sabor y cadencia»[179], indica el trompetista Julito Alvarado, uno de los arreglistas en la producción, junto a Humberto Ramírez, José Madera, Louie Ramírez, y José M. Lugo.

Willie Rosario es una de esas figuras del pentagrama musical antillano que ha liderado la lucha por la permanencia del movimiento salsero, batallando contra los cambios que, en muchas ocasiones, impone el mercado artístico. Por esa época, Willie Rosario y Bobby Valentín, viendo la falta de taller para los músicos y la ausencia de salones adecuados para los bailadores, emprendieron una nueva sociedad: el Tropicana Club, en el área de Hato Rey, donde tocaron los mejores músicos de la isla, y cuya inauguración contó con la presentación de la orquesta del "Manos duras", Ray Barretto. Por el Tropicana Club desfilaron figuras como Tito Puente, Rolando Laserie, Celia Cruz, Marvin Santiago, Tito Rojas, Luis Enrique, Gilberto Santa Rosa y Marc Anthony, en sus inicios. Sin embargo, antes de cumplir el tercer año de actividades, la sociedad se vio obligada a cerrar el club.

«Aunque Bobby y mi papá conocían muy bien la música, no sabían de clubes nocturnos. Se cerró porque económicamente no funcionó como se suponía. Estaban perdiendo dinero»[180], manifiesta Maritza, hija de Willie Rosario.

«Lo hicimos pensando en que los salseros tuvieran un buen

---

[178] Charlie Donato. Entrevista por el autor. 4 de julio 2018.
[179] Julito Alvarado. Entrevista por el autor. 14 de febrero 2019.
[180] Maritza Rosario. Entrevista por el autor. 12 de febrero 2019.

sitio de baile, pero entre los pagos de la renta y los seguros, los costos fueron en ascenso. Cometimos el error de invertir una suma alta en la remodelación del sitio. Si no aceleramos el cierre del club, hubiéramos perdido un montón de dinero»[181], señala Willie Rosario.

«En ese momento, la música dio un giro inesperado. Vino la salsa romántica y ese estilo no invitaba al baile»[182], concluye Bobby Valentín.

El álbum *The Salsa Legend*, con el que Rosario se introdujo en la salsa romántica, pero sin perder el concepto original de su orquesta, reunió los temas 'Para aprender a quererte', de J. Calderón & L. Escobar; 'Una noche de amor', canción original del mexicano José Antonio Potro Farías, popularizada en 1981 por José José; y 'Te regalo esta canción', del venezolano "Alfreddy" Bogado. Todas interpretadas por Josué Rosado.

Adicionalmente, se incorporaron los temas 'Hacer el amor' de I. Ballesteros; 'El tímido' y 'Ninguna mujer es fea', ambas de la pluma de Johnny Ortiz y cantadas por Bernardo "Bernie" Pérez, vocalista nacido en Yabucoa, hermano de los músicos Roberto y Pedro Pérez.

"Bernie" Pérez venía de pertenecer a la Orquesta Internacional de Pedro Conga, con la que había grabado el álbum *Special delivery*, junto a Axel Martínez.

«Cuando me fui de la orquesta de Pedro Conga, estuve un tiempo breve con Orlando Pabellón. Luego trabajé con el Apollo Sound de Roberto Roena. Llegué a la orquesta por recomendación de su tío, el gran bailarín Aníbal Vázquez, quien me bautiza artísticamente como "Bernie". (…)

En una ocasión, trabajando con la orquesta de

---

[181] Willie Rosario. Entrevista por el autor. 11 de junio 2016. Puerto Rico.
[182] Bobby Valentín. Entrevista por el autor. 20 de mayo 2017.

Roena, en el Club Tropicana, del que era socio Willie Rosario, él observó mi trabajo y me hizo el acercamiento para que fuera a su oficina a: <intercambiar impresiones>. Acepté su propuesta y permanecí en su orquesta casi cinco años, tiempo en el que participé en cuatro de sus producciones.»[183]

Willie Rosario frente a su timbal. (2020).
Fotografía: Conrado Pastrano

---

[183] Bernardo "Bernie" Pérez. Entrevista por el autor. 7 de abril de 2019.

1988
The salsa legend – Willie Rosario y su Orquesta
(Bronco Records)

1. Para aprender a quererte
2. Si no estás conmigo
3. Hacer el amor
4. Yo que tú, tú que yo
5. Una noche de amor
6. Ninguna mujer es fea
7. Te regalo esta canción
8. Dios en tus ojos
9. El tímido

Músicos:

Willie Rosario: Timbales, líder, director de grabación
"Ricky" Rodríguez: Piano
Roberto Pérez: Bajo
"Pipo" García: Congas
Víctor Flojito Rivera: Bongó
Luis "Madamo" Díaz: Percusión menor
Humberto Ramírez: Trompeta
Julito Alvarado: Trompeta
Guillermo Calderón: Trompeta
Heriberto Santiago: Trompeta
"Beto" Tirado: Saxofón barítono
Josué Rosado: Cantante
"Bernie" Pérez: Cantante
"Primi" Cruz: Cantante
José M. Lugo: Artista invitado

Los temas 'Si no estás conmigo', de "Alfreddy" Bogado; 'Dios en tus ojos', de "Chico Novarro", seudónimo artístico del cantautor argentino Bernardo Mitnik; y 'Yo que tú, tú que yo', del cantautor puertorriqueño Pedro Arroyo, fueron cantados por Primitivo "Primi" Cruz, quién comenzó a ser parte de la agrupación de Rosario, tras su renuncia a la orquesta de Mario Ortiz.

«Había tenido la oportunidad de audicionar con Willie Rosario, de manera previa a mi vinculación con Mario Ortiz. En ese momento, el maestro Rosario se comunicó conmigo para que asistiera a un ensayo. Yo fui preparado, pero no me quedé en el grupo porque, según me dijo, había consultado la decisión con los músicos de su orquesta, y ellos optaron por "Papo" Rosario. Lo entendí, yo era apenas un principiante, estaba con Concepto Latino, y como no se materializó el asunto, me fui luego con Mario Ortiz»[184], rememora el vocalista.

---

[184] Primitivo "Primi" Cruz. Entrevista por el autor. 9 de febrero 2019.

"Primi" grabó las producciones *Vamos a gozar* (1984), *Ritmo y sabor* (1985), *Déjenme soñar* (1986) y *Algo diferente* (1987) con la orquesta de Mario Ortiz. Entonces, llegó el segundo llamado por parte de Willie Rosario. En esa ocasión, "Primi" le pidió a Rosario que le permitiera terminar el año con la orquesta de Mario Ortiz, para que así el director tuviera un par de meses de plazo para conseguir un sucesor, petición a la que Rosario accedió.

«Me gustaba trabajar con Mario, pero también había sido seguidor del sonido de la orquesta de Willie Rosario. Además, veía que con Willie podía darme a conocer más fácilmente como intérprete en Suramérica»[185], añade Cruz.

En mayo de 1988, Humberto Ramírez, trompetista de la orquesta y productor encargado en los recientes discos de la orquesta de Willie Rosario, anunció su retiro.

«Quería separarme de trabajar con orquesta, para dedicarme de lleno en el estudio a los arreglos y la producción musical. Fue una difícil decisión, porque pertenecí por cuatro años a un colectivo que tenía muchísimo prestigio, nos distinguíamos por saber comportarnos dentro y fuera de la tarima. Además, con Willie aprendí muchísimo sobre el negocio de la música. Fue un momento triste, le comuniqué mi decisión y le expresé mi agradecimiento. Sorprendentemente, me dijo algo que jamás he olvidado: <Yo sabía que este día iba a llegar. No me gusta tu decisión, pero tengo que aceptarla>»[186], rememora Humberto Ramírez, quien hizo efectivo su retiro hasta el mes de agosto de ese 1988.

---

[185] Primitivo "Primi" Cruz. Entrevista por el autor. 9 de febrero 2019
[186] Humberto Ramírez. Entrevista por el autor. 14 de octubre 2018.

Para el cierre del decenio de los años ochenta, Willie Rosario publicó el álbum *Unique*, con el que celebró el treinta aniversario de su orquesta. Su hija menor, María de Los Ángeles, aportó la idea para el arte gráfico de la producción.

«Mis hermanas y yo siempre le compartimos opiniones, porque nos gusta aportar distintas ideas sobre las carátulas de sus discos y, muchas veces, papá nos hace caso. Para esa en particular, escogí el Viejo San Juan. La fotografía fue tomada en el Paseo La Princesa, uno de los conjuntos arquitectónicos más hermosos de Puerto Rico y lugar de encuentro para las familias durante los fines de semana. Quise enseñarle al mundo parte de la belleza de nuestra isla y de su música, y con la sonrisa de mi papá demostrar el orgullo de ser puertorriqueño»[187], explica la hija del director de orquesta.

El trompetista Julito Alvarado, productor del álbum, quien también sometió a consideración de Willie Rosario varias de sus composiciones, recuerda:

«Fue una gran experiencia. Desde la selección de los temas, los arreglistas, hasta la mezcla, todo era aprobado por Willie. El maestro estuvo presente de principio a fin, en cada sesión de las bases, el *brass*, los coros y las voces. Estaré eternamente agradecido por la confianza brindada por parte de Willie y por Bronco Records, compañía disquera de Bobby Valentín, uno de los artífices del sonido de Willie y, por supuesto, por los compañeros de la orquesta, que con su talento contribuyeron a mi trabajo de producción para *Unique*.»[188]

---

[187] María de Los Ángeles Rosario. Entrevista por el autor. 01 de abril 2019.
[188] Julito Alvarado. Entrevista por el autor. 14 de febrero 2019.

1989
Unique – Willie Rosario y su Orquesta
(Bronco Records)

1. Aquí ante ustedes
2. Cuando quieras
3. Físico
4. Cualquier canción
5. Bella amante
6. Quiero tenerte
7. Vicio
8. Amor verdadero
9. Dora Alicia

Músicos:

Willie Rosario: Timbales, líder, director de grabación.
José "Buba" Anaya: Piano
Roberto Pérez: Bajo
"Pipo" García: Congas
Víctor "Flojito" Rivera: Bongó
Luis "Madamo" Díaz: Percusión menor
Julito Alvarado: Trompeta
Néstor Freytes: Trompeta
Carlos Vargas: Trompeta
Guillermo Calderón: Trompeta
"Beto" Tirado: Saxofón barítono
Josué Rosado: Cantante
"Bernie" Pérez: Cantante
"Primi" Cruz: Cantante

Orquesta de Willie Rosario (1989).
Fotografía: Archivo de Julito Alvarado

El repertorio de *Unique* quedó definido por los temas 'Aquí ante ustedes', letra con un mensaje de agradecimiento al público, escrita por Hernán Santos, con la interpretación de los tres vocalistas de la orquesta en ese momento: "Primi" Cruz, Josué Rosado y "Bernie" Pérez. "Primi" también le puso su voz a 'Físico', autoría del cantautor puertorriqueño Glenn Monroig; 'Quiero tenerte', de la pluma de Julito Alvarado y 'Dora Alicia', de A. Almeida. Por su parte "Bernie" Pérez interpretó 'Bella amante', de la autoría de Jorge Lazu y 'Amor verdadero', inspiración de Johnny Ortiz. A Josué Rosado le correspondieron los temas 'Cuando quieras', letra de Julito Alvarado; 'Vicio', una composición del cantautor argentino "Chico Novarro", y 'Cualquier canción', original de "Chico Buarque", leyenda de la música brasileña.

«Producir para Willie Rosario fue una experiencia única, llena de su confianza, pero también de mucha responsabilidad, concentración y, sobre todo, un alto nivel musical. Willie es un músico culto, determinado y muy sensible, pero con templanza y carácter. ¡Como todos sabemos, un hombre de éxito! Trabajar junto a él me abrió muchas puertas dentro de la industria, por eso, hasta hoy día atesoro y agradezco la gran oportunidad que me brindó»[189], concluye Julito Alvarado, quien fue parte formal de la agrupación de Willie Rosario desde mediados de 1986 hasta noviembre de 1989.

---

[189] Julito Alvarado. Entrevista por el autor. 14 de febrero 2019.

Willie Rosario en el set para las fotografías del álbum *Back to the future*.
Fotografía: Archivo de Willie Rosario

Luis González, el Tsunami de la salsa y Willie Rosario.
Fotografía: Archivo de Luis González

Tradición clásica

En el año 1990, Willie Rosario publicó el álbum *Viva Rosario*, una producción para el sello Bronco, en la que figuraron como únicos vocalistas, "Primi" Cruz y "Bernie" Pérez, ya que Josué Rosado había decido apartarse.

El repertorio del disco inicia con 'Anuncio clasificado', canción de la cantautora italiana Marivana Viscuso, llevada a la salsa con el arreglo del trompetista "Tommy" Villariny y la voz de "Primi" Cruz.

«El maestro Willie Rosario se dio cuenta rápidamente que 'Anuncio clasificado' era un tema que podía ser un éxito, porque la letra era muy acorde a la época. Fue una muy buena combinación, estilo romántico, pero también con contenido social. En mi opinión, Willie escogió a la persona idónea para hacer el arreglo. Lo que hizo Villariny ahí fue increíble, le sacó muy buen provecho. La acogida fue tan fuerte, que sigue siendo el tema que lleva la comida a mi hogar»[190], declara "Primi" Cruz.

Además, fue a través de 'Anuncio Clasificado' que surgió la expresión "¡Extra!", el grito de batalla del cantante.

«Durante la grabación, viendo la temática, se me ocurrió en un espacio decir: "¡Extra!", y al ingeniero "Rei" Peña le agradó. Esa palabra dio el puntillazo en mi estilo, y ahora me identifica»[191], agrega Cruz, a quien también le correspondió interpretar los temas 'Universo de pasión' (Lambada) de Drumont y Nena, 'Esta cosa mía' de "Alfredy Bogado", y 'Duda', una canción del actor y cantautor colombiano Hansel Camacho[192], quien siempre ha manifestado que todas sus

---

[190] Primitivo "Primi" Cruz. Entrevista por el autor. 9 de febrero 2019.
[191] Primitivo "Primi" Cruz. Entrevista por el autor. 9 de febrero 2019.
[192] Hansel Enrique Camacho Santos (Quibdó, Colombia. 23 de julio de 1956). En su juventud, se enfocó en el deporte, soñó con ser futbolista, pero luego decidió enfocarse en una carrera musical. En 1988, efectuó su primera grabación como cantante del grupo Changó de los

canciones tienen un sello muy vivencial.

«Yo había grabado 'Duda' en Bogotá, con el grupo Changó de los hermanos Danny y Ricardo Rosales. Supe que el tema le llegó al maestro Rosario por medio de la compañía Sony Music, que tenía los derechos de mi música. Luego de que él la grabó con su orquesta, pude conocerlo en la ciudad de Cali, mientras me encontraba grabando la telenovela *Azúcar*»[193], señala Camacho.

Hansel Camacho, compositor del tema 'Duda', Willie Rosario y Oscar Borda (actor) 1990.
Fotografía: Archivo de Hansel Camacho

«Fui a tocar a la Feria de Cali, nos presentamos en el Parque de la Caña. Tomé el micrófono allí y le dije al público: <voy

---

Hermanos Rosales, para el sello Sony Music. En 1989, con su participación como actor en el papel de Lucio de Souza Asprilla, un cortador de caña, y la composición de treinta y seis temas originales, exclusivos para la serie de televisión *Azúcar*, producida por RCN, obtuvo dos premios nacionales de televisión a Mejor Actor Revelación y Mejor Música paraSeriados. Su carrera actoral continuó con la participación en series como *La potra Zaina* y *Señora Isabel*. En su carrera musical, como solista, popularizó los temas 'Después de unamentira', 'A pesar de la distancia' y 'Verdades', entre otros.
[193] Hansel Camacho. Entrevista por el autor. 6 de septiembre 2018.

a estrenar un tema de un compositor natural de esta tierra>. Fue la primera vez que tocamos ese número en Colombia, pero realmente no noté mucho entusiasmo en ese momento. Ya después de grabado, 'Duda' se pegó muy bien. Lo que pasa es que la música es muy compleja, nadie sabe lo que va a suceder»[194,] afirma Willie Rosario.

Los temas que cantó "Bernie" Pérez en *Viva Rosario* fueron 'Canta mundo', letra de Manuel Troncoso, uno de los más importantes compositores de canciones románticas de la República Dominicana; 'No sé por qué' de Avilés y Del Pino; 'Ya no lo hago más', de J. Báez y 'Falso amor', composición del cantautor colombiano Richie Valdés[195], el primer cantante que tuvo la orquesta Guayacán.

«Cada canción es una pequeña historia de vida. El maestro Willie Rosario escuchó en Puerto Rico esa canción que trata de una relación de pareja. En 1989 tocó con su orquesta en la ciudad de Cali, en ese momento había un programa de radio muy escuchado, llamado *Pa' Bravo Yo*, conducido por el locutor Alberto "El Loco" Valencia en la emisora Bienvenida Stéreo de la Cadena Caracol. Después que "El Loco" Valencia entrevistó a Rosario, me llamó y me dijo que el maestro quería hablar conmigo. Fui al hotel donde se hospedaba y tuvimos una conversación muy agradable. Él creía que yo era un tipo mayor, y cuando vio que se trataba de un muchacho se sorprendió. Me explicó que quería grabar 'Falso amor'. Para mí fue un gran honor que una figura de ese calibre se fijara en mi obra»[196].

---

[194] Willie Rosario. Entrevista por el autor. 14 de marzo 2019. Puerto Rico.

[195] Richie Valdés. Primer cantante de la orquesta Guayacán dirigida por Alexis Lozano. Richie fue miembro de la orquesta desde 1983 hasta 1989. Precisamente con Guayacán grabó el tema 'Falso amor', versionado por la orquesta de Willie Rosario. En 1990, ingresó al Grupo Niche, de Jairo Varela, como tecladista, corista y cantante. A partir de 1993, se lanzó como solista con la grabación 'Apuesta por mí'. Tras la muerte de Jairo Varela, en el año 2012, Valdés fue el encargado de dirigir el Grupo Niche, rol que asumió hasta agosto de 2015, cuando la batuta de la orquesta quedó en manos del trompetista y arreglista José Aguirre.

[196] Richie Valdés. Entrevista por el autor. 6 de abril 2019.

1990
Viva Rosario – Willie Rosario y su Orquesta
(Bronco Records)

1. Anuncio clasificado (Dámelo)
2. Canta mundo
3. Universo de pasión (Lambada)
4. No sé por qué
5. Wave
6. Ya no lo hago más
7. Esta cosa mía
8. Falso amor
9. Duda

Músicos:

Willie Rosario: Timbales, Director
Luis Quevedo: Piano
Pedrito Pérez: Bajo
Jimmie Morales: Conga
Víctor Flojito Rivera: Bongó
Luis "Madamo" Díaz: Percusión menor
Jochi Rodríguez: Fliscorno solista
"Beto" Tirado: Saxo barítono
Elías Lopés: Trompeta
Elliot Feijóo: Trompeta
Mario Ortiz Jr: Trompeta
Guillermo Calderón: Trompeta
"Bernie" Pérez: Cantante
"Primi" Cruz: Cantante
Alex D' Castro: Coro
"Pichie" Pérez: Coro

El álbum *Viva Rosario* incluyó el tema instrumental 'Wave', conocido en su versión al portugués como 'Vou te contar', una *bossa nova* que se ha grabado innumerables veces, escrita por Antônio Carlos Jobim y presentada en su álbum de 1967, del mismo nombre. La letra en inglés, escrita también por Jobim, apareció en el álbum *Sinatra & Company* (1979), de Frank Sinatra. Incluso, la canción fue elegida por la edición brasileña de la revista *RollingStone* como la número setenta y tres, dentro de las más grandes de la música de ese país.

Los arreglistas convocados para la producción *Viva Rosario* fueron José Febles, Ramón Sánchez, José Madera, José M. Lugo, "Tommy" Villariny y "Bobby" Pérez.

En 1991, se produjo el lanzamiento de la producción *The Roaring Fifties*, teniendo algunos cambios en los miembros de la orquesta, principalmente, en la sección de vientos.

1991
The Roaring Fities - Rosario y su Orquesta
(Bronco Records)

1. Rubias de Nueva York
2. El mujeriego
3. Preparen candela
4. Salgo a buscar amor
5. Keeping Busy
6. Amándote y soñándote
7. Tú estás fatal
8. Los salseros se van
9. Llora timbero

Músicos:

Willie Rosario: Timbales, director
José "Buba" Anaya: Piano
Raymond Ramírez: Bajo
'Pipo" García: Conga
"Carlito" Soto: Bongó
Luis "Madamo" Díaz: Percusión menor
"Sammy" Vélez: Saxo barítono
Carlos Vargas: Trompeta
Luis González: Trompeta
José Pujals: Trompeta
Johnny Navarro: Trompeta
"Primi" Cruz: Cantante
Henry Santiago: Cantante
"Bernie" Pérez: Cantante

«Me llegó la oportunidad de ser parte de la orquesta de Willie Rosario, una experiencia que fue muy enriquecedora para mí, puesto que, al tener a un director de su grandeza y de su experiencia, el trabajo se convierte en todo un reto. Si una trompeta llega a fallar una nota, Willie ni siquiera tiene que mirar para atrás, él ya sabe quién cometió el error»[197], expresa el trompetista Luis González, integrado al colectivo junto con Carlos Vargas, José Pujals y Johnny Navarro.

"Sammy" Vélez, músico que también participó en el álbum, recuerda:

«Comencé con Willie Rosario, al poco tiempo de haber salido de la banda de Bobby Valentín, para trabajar *freelance*. Como Valentín le estaba produciendo ese disco a Willie, fui llamado, inicialmente, para grabar un par de temas. […] En ese tiempo, yo tenía planes para irme a los

---

[197] Luis González. Entrevista por el autor. 27 de abril 2018. Puerto Rico.

Estados Unidos, entonces, le dije al maestro que estaría con él solo por un corto tiempo, mientras me movía de la isla. Trabajé con su orquesta, quizás, unos cinco meses, que resultaron ser una experiencia interesantísima, porque esa es la carpeta más fuerte que existe para el saxofón, por la manera en que se utiliza el instrumento en su orquesta, bien sea para reforzar los unísonos, o en ocasiones como una quinta voz en registro agudo. ¡Ahí es donde el instrumento saca todos sus quilates!»[198]

El álbum *The Roaring Fifties*, que presentó las voces de "Primi" Cruz, Henry Santiago y "Bernie" Pérez, incorporó en su repertorio los temas 'Rubias de Nueva York', originalmente un tango de Gardel y Le Pera, y 'Salgo a buscar amor' de Luis Barreto. Ambos fueron arreglados por el talentoso José Febles, quien además compuso y orquestó el tema instrumental 'Keeping Busy'.

Adicionalmente, aparecen 'El mujeriego', de Delia Arias, en arreglo de José M. Lugo; 'Amándote y soñándote', de la italiana Marivana, arreglo del trompetista José Pujals; 'Tú estás fatal', de Wilfredo Vicente y 'Los salseros se van', de Paquitín Lara, ambos con arreglos de José Madera. También están incluidos, 'Llora timbero', del tresero cubano Arsenio Rodríguez, conocido como "El ciego maravilloso", con arreglo de "Ricky" Rodríguez, para ese momento ya ex miembro de la orquesta de Rosario y 'Preparen candela', originalmente una guaracha de Juan Blez G., que contó con el arreglo del "Rey del bajo", Bobby Valentín[191] y un destacado solo de congas de "Pipo" García.

---

[198] "Sammy" Vélez. Entrevista por el autor. 04 de abril 2019.
[199] Roberto Valentín Fred. Bobby Valentín (Orocovis, Puerto Rico. 9 de junio de 1941). En 1958 comenzó su carrera como músico profesional en la ciudad de Nueva York, como trompetista del conjunto de Joe Quijano. Posteriormente, se integró como músico de las orquestas de Willie Rosario, Charlie Palmieri, Ray Barretto y Tito Rodríguez. En 1965, fundó su propia orquesta, con la que publicó los discos *Ritmo pa' goza* y *El mensajero*, para el sello Fonseca, y *Young man with a horn* para Fania Records, compañía a la que se unió como

«Willie es un hombre sencillo, pero exigente y eso es muy positivo. Él me enseñó lo que significa ser responsable con el instrumento. La responsabilidad en la música tiene gran significado e importancia para él. Cuando tengo alguna duda de este negocio, acudo a él, porque lleva más de sesenta años, sin interrupciones, como director de orquesta. No puede haber mejor consejero»[200], enfatiza Luis González, conocido como "El Tsunami de la salsa", quien se mantuvo en la orquesta de Rosario hasta el año 2002, cuando se fue a trabajar en las giras internacionales del cantante Jerry Rivera. González regresó brevemente a la agrupación de Rosario, antes de dedicarse completamente a la dirección de su propia orquesta, en 2011.

Sobre la importancia de Willie Rosario dentro de la música comúnmente llamada salsa, la opinión de Luis González coincide con la del saxofonista "Sammy" Vélez, quien afirma:

«La excelencia de la música de su orquesta está evidenciada, se encuentra grabada. Durante todas las etapas que ha tenido su orquesta, el maestro Rosario ha tenido la capacidad de mantenerse en el gusto del público, y eso constituye un gran logro. Pero, además, ser tan atrevido para agarrar cuatro trompetas, instrumentos de una sonoridad brillante, y juntarlos con el saxofón barítono, es algo interesantísimo. A pesar de que Willie no sea el arreglista, lanzarse a la aventura de meterse en ese territorio, y salir airoso, tiene un mérito muy grande.»[201]

---

una de las llamadas Estrellas de Fania, y donde se convirtió en uno de los arreglistas por excelencia para la mayoría de los artistas que pertenecían al sello. En 1974, Valentín fundó su propia compañía discográfica, Bronco Records, para producir sus discos. Posteriormente, grabaron en el sello la orquesta Mulenze, Willie Rosario, la orquesta La Criolla, y La Selecta de "Raphy" Leavitt. Por la orquesta de Bobby Valentín han pasado cantantes como Marvin Santiago, "Frankie" Hernández, Johnny Vázquez, "Luigui" Texidor, "Cano" Estremera, "Luisito" Carrión y "Rafú" Warner, entre otros. En opinión de Willie Rosario, Valentín es el mejor arreglista de la salsa, de todos los tiempos.

[200] Luis González. Entrevista por el autor. 27 de abril 2018. Puerto Rico.

[201] "Sammy" Vélez. Entrevista por el autor. 4 de abril 2019.

1993
Tradición clásica – Willie Rosario y su Orquesta
(MP Musical Productions)

1. Esa muñeca
2. Te amo
3. Lo que yo siento
4. Porqué será
5. Aquí estamos
6. La novia
7. Todos los ojos te miran
8. Centímetro a centímetro
9. Tú con él

Músicos:

Willie Rosario: Timbales, coproductor
José M. Lugo: Piano, *keyboards*
Efraín Hernández, Raymond Ramírez: Bajo
Jimmie Morales: Congas
Celso Clemente Jr.: Bongó
Luis "Madamo" Díaz: Percusión
Eddie Feijóo: Trompeta
Elías Lopés: Trompeta
Luis Aquino: Trompeta
"Manolín" Alers: Trompeta
"Beto" Tirado, Ángel Torres: Saxo barítono
Henry Santiago: Cantante
"Rico" Walker: Cantante
Luisito Carrión: Coro
Pedro Brull: Coro
"Primi" Cruz: Coro
"Tito Allen": Coro
Julio "Gunda" Merced: Productor

En el mes de marzo de 1993, llegó al mercado una producción discográfica publicada por el sello MP Musical Productions, a cargo del trombonista, arreglista y productor Julio "Gunda" Merced[202], que llevó por título *Tradición clásica*, para celebrar el treinta y cinco aniversario de la orquesta de Willie Rosario.

La idea de la portada de *Tradición clásica* corrió por cuenta de su hija Elizabeth "Lyza" Rosario:

---

[202] Julio "Gunda" Merced Acosta. (Guaynabo, Puerto Rico. 18 de octubre de 1953) Estudió composición musical en el Conservatorio de Música de Puerto Rico. Formó parte de Puerto Rico All Stars y de Roberto Roena y su Apollo Sound, donde se dieron a conocer sus arreglos para los temas 'Mi desengaño' y 'Marejada feliz'. En 1978, fundó su propia orquesta Salsa Fever, teniendo como cantantes a "Papo" Sánchez, Luisito Carrión, Héctor Rey, "Choco" Orta y Raquel Velázquez. Como productor, "Gunda" Merced trabajó para los sellos TH, Sonotone y MP.

«Para la fotografía elegí uno de los pasillos principales del Hotel San Juan en Isla Verde, que para ese momento estaba recién remodelado. Recuerdo que me gustaba mucho ese farol, por la apariencia clásica. Pensé que una foto ahí se vería elegante y, a la vez, tendría un toque moderno con el vestuario que elegimos. La pose de mi papá es algo muy de él: relajado, mirando algo bueno que se avecina y con sus inseparables gafas oscuras.»[203]

Este álbum del treinta y cinco aniversario de Willie Rosario constituyó el debut del cantante neoyorquino Ricardo "Rico" Walker en la orquesta. Aunque Walker, en el pasado ya le había ofrecido sus servicios al director de orquesta -cuando Gilberto Santa Rosa y Tony Vega formaban dupla como cantantes- no fue hasta 1989 que Willie Rosario le hizo la oferta. Sin embargo, en ese momento, Walker no pudo aceptar ya que acababa de culminar una grabación como vocalista para la orquesta del trompetista Orlando Pabellón.

«No lo vi ético. Decliné la oferta del maestro Rosario explicándole la situación y agradeciéndole el ofrecimiento. Luego, en 1992, a los pocos meses de haber grabado el nuevo álbum de Orlando Pabellón, *Una aventura más*, con la producción de Juancito Torres, Willie volvió a hacerme la propuesta. En esa ocasión, hablé con Pabellón, y él me dio el visto bueno, porque me dijo que estaba pensando en disolver la orquesta para dedicarse a otras áreas de la música. Así fue como pasé a hacer parte de la banda de Willie Rosario»[204], recuerda el cantante.

Walker puso su voz a los temas 'Esa muñeca', letra de Ari Martínez y 'La novia' composición de Pablo Milanés, los dos arreglados por José Lugo; 'Lo que yo siento',

---
[203] Elizabeth "Lyza" Rosario. Entrevista por el autor. 4 de abril 2019.
[204] Ricardo "Rico" Walker. Entrevista por el autor. 29 de agosto 2018.

composición de Dagoberto González y 'Todos los ojos te miran' del cantautor Pablo Milanés, ambos con arreglo de José Febles. Igualmente, 'Centímetro a centímetro', de Giraldo Piloto, con arreglo de Carlos Torres; el tema 'Aquí estamos' (D.R.A.), cantado a dúo con Henry Santiago, a quien le correspondió la interpretación de 'Te amo', de Ed Wilson, 'Porqué será', de Roberto Levi y Julián Navarro, con arreglo de Bobby Valentín y 'Tú con él', composición del cubano Manny Benito con arreglo de Roberto Pérez.

«Tengo que admitir que, a través del tiempo que estuve con Willie Rosario y los trabajos que hice con él, básicamente, el reconocimiento llegó. A través de Willie, el mundo salsero me conoció. El reconocimiento que yo pueda tener hoy se debe, específicamente, a ese lapso y a los números que grabé con su orquesta.»[205]

"Rico" Walker y Willie Rosario.
Fotografía: Archivo de "Rico" Walker

---

[205] Ricardo "Rico" Walker. Entrevista por el autor. 29 de agosto 2018.

Orquesta de Willie Rosario de reencuentro en 1993.
Fotografía: Archivo de Humberto Ramírez

José Alberto "El Canario" y Willie Rosario.
Fotografía: Archivo de Willie Rosario

Rafael Viera, Willie Rosario y "Tite" Curet.
Fotografía: Archivo de Willie Rosario

Willie Rosario y Jimmie Morales.
Fotografía: Archivo de Robert Padilla

Willie Rosario en Ciudad de México (2016).
Fotografía: Roberto Palacios

Un ejemplo a seguir

En el año 1995, Willie Rosario regresó al estudio de grabación, motivado por la propuesta del director ejecutivo de la compañía Tifanny Records.

«Acepté la oferta, porque no tenía compromiso con ningún sello discográfico. Él proyectaba que se venderían miles de copias. Yo nunca lo contradije porque sabía que esa compañía era su sueño, pero tenía claro que la industria había cambiado y las ventas de los discos se comportaban diferentes. El disco ¡*Sorpresas!* salió al mercado, pero la verdad no pasó nada»[206] aclara Rosario.

Con arreglos de José Febles, Ramón Sánchez, "Tommy" Villariny, José Madera, Julito Alvarado, Luis "Perico" Ortiz, José M. Lugo y Humberto Ramírez, el álbum contó con los temas 'Lo que yo más quiero', una colaboración entre Ángel "Papo" Santiago y Julio Martínez y 'Rutina', de la autoría de Gloria González, ambos cantados por el experimentado Henry Santiago.

Gloria González, alumna aventajada de "Tite" Curet Alonso y autora de más de trescientas canciones grabadas, recuerda aquella producción:

«Willie era vecino mío. Muchas veces compartíamos conversación con él y con "Tite" Curet. Un día me dijo: <¡Oye Gloria!, tú nunca me has dado un tema a mí.> Entonces, le contesté: <¡Oye Willie, tú nunca me lo has solicitado! (Risas).> Hice dos temas para la orquesta de Willie, y él incluyó 'La rutina', que trata sobre los matrimonios que llevan muchos años juntos y se quejan de ya no sentirse enamorados. (…)

---

[206] Willie Rosario. Entrevista por el autor. 3 de abril 2019.

215

Habla sobre lo que pasa a diario. Nosotros los compositores nos nutrimos de esas situaciones, porque es la manera de llegarle al público.»[207]

1995
¡Sorpresas! – Willie Rosario y su Orquesta
(Tiffany Records)

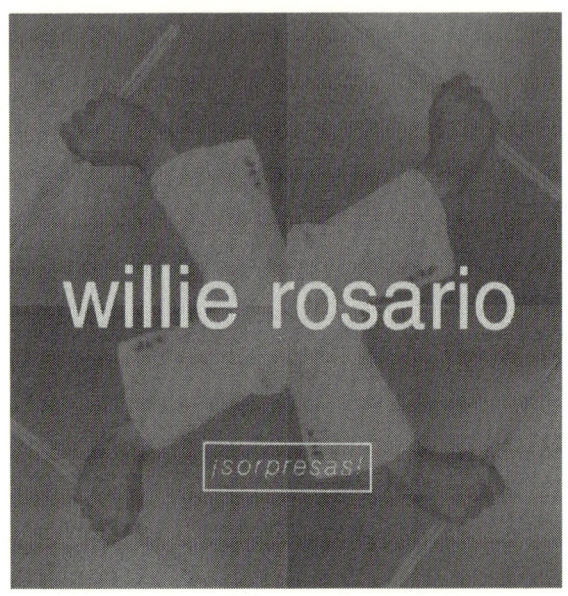

1. ¿Quién rayos me mandaría?
2. Piel y seda
3. Esperando llamada
4. Reconciliación
5. Rutina
6. Volvemos a lo mismo
7. Como son ellas
8. Lo que más yo quiero
9. Guitarra
10. My best friends

---
[207] Gloria González. Entrevista por el autor. 6 de abril 2019.

Músicos:

Willie Rosario: Timbales
José M. Lugo: Piano
Pedro Pérez: Bajo
"Sammy" García: Conga
Celso Clemente Jr.: Bongó
Luis Aquino: Trompeta
"Angie" Machado: Trompeta
"Tommy" Villariny: Trompeta
"Beto" Tirado: Saxo barítono
Jesús Caunedo: Saxofón
Raúl Rodríguez: Vibráfono
Máximo Torres: Guitarra
Edwin Colón Zayas: Cuatro
"Rico" Walker: Cantante
Henry Santiago: Cantante, Coro
"Cheo" Andújar: Cantante, Coro
Iris Martínez: Cantante invitada
"Tito Allen": Coro
Pedro Brull: Coro
Osvaldo Román: Coro

Los temas '¿Quién rayos me mandaría?', de la pluma de Roberto Angleró; 'Esperando llamada', de Ángel Bonne; 'Volvemos a lo mismo', compuesto por Charlie Donato y 'Como son ellas' de Manuel Jiménez, le correspondieron a "Rico" Walker, quien reflexiona:

«Cada sesión con Willie Rosario, es una experiencia fantástica, porque se está grabando con una banda poderosa, es un sonido amplio. Aunque en el estudio como tal, él tiene su manera de trabajar, siempre brinda libertad para hacer las cosas.
(…)

Uno se pone a pensar sobre la trayectoria de Willie, las personas que han estado en su orquesta y su toque personal para elegir los músicos y cantantes, y tiene uno que sentirse más que honrado de recordar que uno fue parte de esa historia.»[208]

El álbum ¡*Sorpresas!* contó con la participación del cantautor José Luis "Cheo" Andújar, en la interpretación de «Guitarra», una composición de Olga Navarro y Martín Rojas; y los temas de la firma del venezolano Ilan Chester, 'Piel y seda' y 'Reconciliación', este último hecho a dúo con Iris Martínez.

«Me sentí muy halagado cuando el maestro Rosario me citó para proponerme grabar con su orquesta. Lo único que le dije, en esa oportunidad, fue que me tuviera un poco de paciencia, porque yo venía acostumbrado a cantar las canciones románticas del Conjunto del Amor, y necesitaba algo de tiempo, mientras me acomodaba al *swing* de su orquesta. Trabajar con una persona tan responsable y exigente como Willie, trajo para mí mucho aprendizaje»[209], narra Andújar.

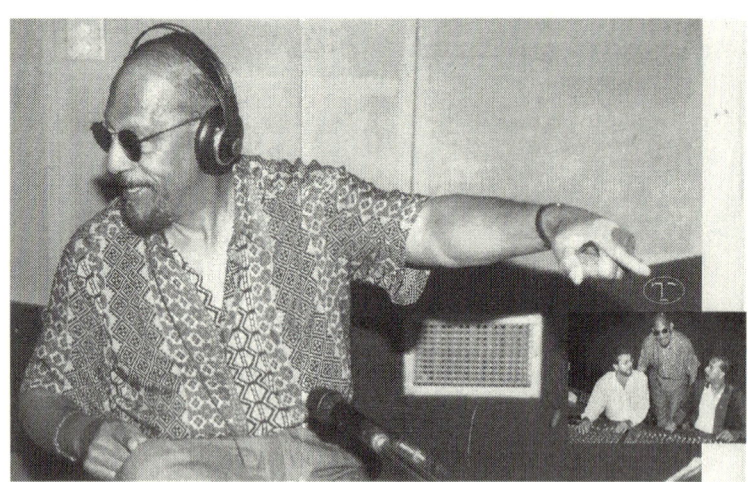

Willie Rosario durante la grabación del álbum ¡Sorpresas! *(1995)*.
Fotografía: Archivo de Willie Rosario

---

[208] Ricardo "Rico" Walker. Entrevista por el autor. 29 de agosto 2018.
[209] José Luis "Cheo" Andújar. Entrevista por el autor. 4 de abril 2019.

'My best friends', el tema que cerró el álbum es una pieza instrumental, en tiempo de *latin jazz*, compuesta por Mitch Frohman, uno de los músicos más importantes en la escena musical, quien durante por lo menos veinticinco años fue flautista y saxofonista solista en el Latin Jazz Ensemble de Tito Puente. En este tema se destacan los solos del saxofonista cubano Jesús Adolfo Caunedo, radicado en Puerto Rico desde finales de los años sesenta, y del cuatrista, compositor y arreglista boricua Edwin Colón Zayas.

Cheo Feliciano, José Lugo y Willie Rosario.
Fotografía: Archivo de José Lugo

Cerrando el milenio, Willie Rosario celebró el cuarenta aniversario de su organización musical con la grabación del álbum *Back to the future* para la compañía J&N Records. Por ese tiempo, el pianista Richard Trinidad se unió a la orquesta.

«Me llamó Luisito Marín, porque estaba teniendo conflicto con otros compromisos. Me preguntó si me gustaría tocar con Willie Rosario. Inmediatamente dije que sí, porque es un reto tocar esa música. La orquesta es tremenda escuela. Además, Willie Rosario siempre está dando valiosos consejos. Con

Willie es que he aprendido muchas cosas del negocio de la música»[210] señala Trinidad.

En *Back to the future*, se registró una vez más, el sonido afincado, que solo Rosario sabe articular. El disco supuso también el encuentro con uno de los binomios más exitosos que ha tenido su orquesta, el conformado por Gilberto Santa Rosa y Tony Vega. Santa Rosa grabó 'Qué pasa contigo', escrito por "Rafy" Monclova, con arreglo de Humberto Ramírez y 'El apartamento', un arreglo de Ramón Sánchez para la composición de Charlie Donato.

Sobre este último tema, comenta el bajista y compositor: «'El apartamento' es una historia breve pero actual. Trata acerca de una persona soltera que tiene un apartamento y está invitando a su pareja para que lo compartan. Es una situación que se ve todos los días. La juventud se relaciona mucho con ese tipo de situación y creo que eso tuvo que ver con el éxito del tema.»[211]

Por su parte, Tony Vega puso su voz a 'Que siga el afinque', como celebración por los cuarenta años de la orquesta, también escrito por Donato y 'Arrepentíos pecadores', letra de Willie Rosario, con arreglo de Louie Ramírez, que ya se había grabado en 1973 cuando el cantante de la agrupación era "Junior" Toledo.

Luis Vergara cantó los temas 'Yo quiero encontrarme contigo', del cantautor cubano José Manuel Dennis; y 'Busco olvidarte', **titulada** originalmente 'Buscando olvidarte', autoría del abogado, administrador de empresas y compositor colombiano Luis Alberto Flórez, grabada originariamente por el Grupo Galé en el año 1994.

El mismo Luis Alberto Flórez comenta sobre la inclusión del tema en el álbum:

---

[210] Richard Trinidad. Entrevista por el autor. 25 de enero 2024.
[211] Charlie Donato. Entrevista por el autor. 04 de julio 2018.

«La música de Willie Rosario siempre ha sido muy exquisita. Jamás me imaginé que una composición mía llegara a una producción suya. Conocí la grabación luego de que Diego Galé regresara de trabajar con Ángelo Torres, en Puerto Rico. Me llegó la noticia a través de Diego. Fue muy agradable escuchar la canción hecha de esa manera. También me dio mucha nostalgia apreciar que el arreglo lo había hecho Bobby Valentín, uno de mis exponentes favoritos en la salsa.»[212]

Dos temas instrumentales dieron balance a la producción: 'Satin Lace (Sunkel)', arreglo de Humberto Ramírez; y 'No more blues' de Antônio Carlos Jobim, llamada originalmente 'Chega de saudade', con arreglo de Bobby Valentín.

Josué Rosado interpretó el *medley* de boleros conformado por 'Cuando estoy contigo' y 'En cada beso'. Mientras que a "Rico" Walker le correspondió hacer lo propio con 'Un tipo como yo', de la pluma del cantautor mexicano Sergio Esquivel y 'La bomba', de Moisés Valle, "Yumurí".

Justamente el compositor cubano, "Yumurí" Valle, contó sobre la inclusión de su tema en el álbum:

«Yo escribo para mí. Nunca me propuse hacerlo como compositor profesional. Realmente, fue por necesidad. Así surgió 'La bomba', en el que comparto autoría con mi hermano Pedro Valle. Yo le puse música, a ritmo de son. Para nuestro beneplácito, recibimos la sorpresa de que la orquesta de Willie Rosario, usó como primer tema de esa producción 'La bomba'. Nosotros tenemos nuestra interpretación, pero es algo que me llenó de satisfacción, que hayan asumido esa composición como parte de su repertorio»[213].

---

[212] Luis Alberto Flórez. Entrevista por el autor. 27 de marzo 2019.
[213] "Yumurí" Valle. Entrevista por el autor. 24 de abril 2014. La Habana, Cuba.

1999
Back to the Future – Willie Rosario y su Orquesta
(J & N / Sony Discos, US)

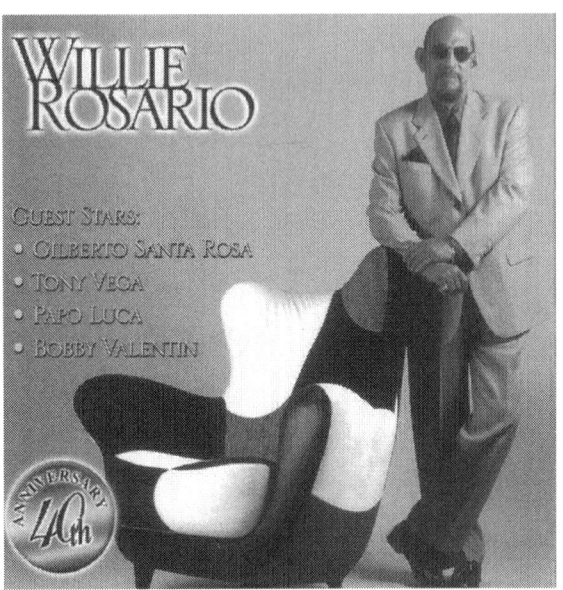

1. La bomba
2. Busco olvidarte
3. El apartamento
4. Que siga el afinque
5. Medley: Cuando estoy contigo / En cada beso
6. Satin Lace
7. Yo quiero encontrarme contigo
8. Un tipo como yo
9. Qué pasa contigo
10. Juntos de nuevo
11. Arrepentíos pecadores
12. No More Blues

Músicos:

Willie Rosario y Bobby Valentín: Productores
Willie Rosario: Timbales
Richard Trinidad: Piano
Efraín Hernández: Bajo
Jimmie Morales: Conga
Carmelo Álvarez: Bongó
Luis Aquino: Trompeta
Jan Duclerc: Trompeta
Efrén Rodríguez: Trompeta
"Beto" Tirado: Saxo barítono
"Rico" Walker: Cantante
Luis Vergara: Cantante
Josué Rosado: Cantante
Osvaldo Román: Coro
Darvel García: Coro
"Chegüi" Ramos: Coro
Henry Santiago: Coro
Gilberto Santa Rosa, Tony Vega, "Papo" Lucca, Bobby Valentín: Invitados

Bobby Valentín y Willie Rosario.
Fotografía: Archivo de Willie Rosario.

"Rico" Walker, quien confiesa no haber tenido la posibilidad de escuchar la versión original de 'La bomba' hecha por "Yumurí" y sus hermanos antes de grabarla, sostiene que:

> «Ese fue el tema que me dio reconocimiento a nivel internacional. De los dos temas que grabé en *Back to the future*, el que más se promocionó fue 'La bomba'. Eso causó un furor inmenso, especialmente con los seguidores de la salsa dura. Por eso, siempre le doy las gracias a Willie por haberme concedido ese número.»[214]

La celebración por los cuarenta años de trayectoria musical de Willie Rosario se extendió cuando, en marzo del año 2000, el Senado de Puerto Rico le rindió un homenaje por su trayectoria. Al año siguiente, específicamente, el 5 de mayo de 2001, en el anfiteatro Tito Puente, la orquesta de Willie Rosario celebró oficialmente, y con un gran concierto, su cuarenta aniversario en la música. Fue una velada realmente histórica, que tuvo como apertura un *set* de El Gran Combo de Puerto Rico. Posteriormente, Rosario se acompañó de cantantes representativos dentro de la historia de la orquesta, como "Meñique", "Bobby" Concepción, "Guillo" Rivera, Tony Vega, "Chamaco" Rivera, "Pupy Cantor", "Rico" Walker y Luis Vergara, evocando las distintas etapas de su trayectoria. Estuvieron además como invitados especiales Jerry Medina y Andy Montañez. El histórico concierto quedó registrado en disco compacto, publicado en 2002, bajo el rótulo de Willie Rosario y su Orquesta: *The Master of Rhythm & Swing, Live in Puerto Rico*.

---

[214] Ricardo *Rico* Walker. Entrevista por el autor. 29 de agosto 2018.

Willie Rosario en el set para la fotografía de la producción <u>Back to the future</u> en 1999. Fotografía: Archivo de Willie Rosario

2002
The Master of Rhythm & Swing, Live in Puerto Rico
Willie Rosario y su Orquesta
(RVC Enterprises Inc)

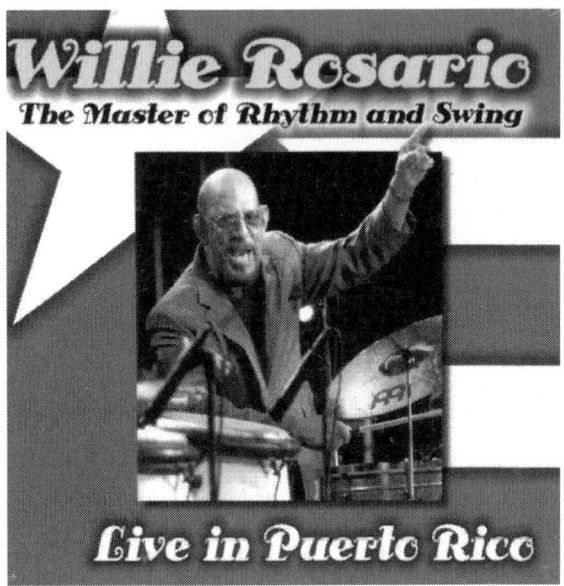

1. El callejero / "Pupy Cantor"
2. Cuando se canta bonito / Luis Vergara
3. A toda Cuba le gusta / "Rico" Walker
4. Dámelo / Luis Vergara
5. Changó ta veni / "Pupy Cantor"
6. Boba / "Guillo" Rivera
7. Busca el ritmo / Luis Vergara
8. Qué bonito es Puerto Rico / "Guillo" Rivera
9. Recordando a Miguelito Valdés / Miguel Ángel Rodríguez

Músicos:

Willie Rosario: Timbal, director
Richard Trinidad: Piano
Carlos Rondán: Bajo
"Charlie" Santiago: Congas
"Ronnie" Serrano: Bongó
Simón Rivera: Trompeta
Carlos Vargas: Trompeta
Luis González: Trompeta
Luis Ortiz: Trompeta
"Beto" Tirado: Saxo barítono, flauta
Luis Vergara: Cantante
"Rico" Walker: Cantante
"Pupy Cantor": Cantante
"Guillo" Rivera: Cantante
Miguel Ángel Rodríguez: Cantante

Willie Rosario, Oscar D' Léon y Edwin Rosas "Caneca."
Hotel San Juan (2003).
Fotografía: Archivo de Willie Rosario

Dos años más tarde, siguieron llegando los reconocimientos a toda una vida dedicada a la música. Por iniciativa de José Cot Emanuelli, escritor y melómano del *jazz*, oriundo del municipio de Coamo, donde nació Rosario, el alcalde Juan Carlos García Padilla, mediante la resolución conjunta número 788 del 25 de junio de 2004, le solicitó a la Asamblea Municipal la posibilidad de renombrar la calle Dr. Veve Sur de Coamo como la calle Willie Rosario, por considerar que el director de orquesta es una fuente de inspiración para un sinnúmero de músicos puertorriqueños y porque el amor por su pueblo natal es incuestionable. La propuesta fue aceptada y, desde el 16 de julio de 2004, como parte de las actividades del aniversario del municipio, se estableció oficialmente la calle Willie Rosario en Coamo.

Mural dedicado a Willie Rosario. Escuela de Bellas Artes José I. Quintón.
Taller de Artes Plásticas. Coamo, Puerto Rico.
Fotografía: Archivo de Willie Rosario

«Es de lo más grande que se me ha hecho en mi carrera, porque Coamo es mi pueblo. Nací y me crie ahí, soy orgulloso de ser coameño»[215], afirma Rosario; quien en ese mismo año había sido declarado hijo adoptivo del municipio de Carolina.

Con posteridad, el taller de música en la Escuela Especializada de Bellas Artes José I. Quintón, de Coamo, también fue nombrado como Willie Rosario.

Es justamente por ese tiempo, que el cantautor cubano Juan José "Juanchy" Hernández, radicado desde 1999 en la Isla del Encanto, pasó a integrar la orquesta de Willie Rosario, en calidad de cantante.

Willie Rosario y el cantautor Juan José Hernández compartiendo un café.
Fotografía: Archivo de Juan José Hernández

---

[215] Willie Rosario. Entrevista por el autor. 6 de abril 2019.

«Willie es un director exigente. Si tú eres cantante de su orquesta, cuando estés en tarima, no te gires a pedir el mambo, lo que tienes que hacer es cantar, sonear y demostrar que tienes las cualidades para llenar ese traje. Le agradezco a Willie Rosario porque estando como cantante de su orquesta, pude viajar a Cali, Colombia. (...)

Aunque el maestro Rosario es una persona bien seria en su trabajo, modestamente creo que tengo el récord de sacarle las sonrisas en el escenario. Cuando me tocó decirle: <maestro, voy a hacer mi orquesta>, me sentí como si le estuviera hablando a un padre a quien le duele que te vayas a ir a estudiar, pero que te desea lo mejor. El apoyo de Willie a mi carrera ha sido incondicional»[216], resalta el cantautor, líder de la agrupación San Juan Habana.

A medida que avanzaba el nuevo milenio, se siguieron sintiendo los embates provocados por los cambios en la industria discográfica, con las variaciones que derivaron en la manera de consumir la música sin tener que recurrir a un soporte físico. Muchas de las grandes figuras de la salsa, incluido Willie Rosario, dejaron de producir sus discos debido a la ausencia de compañías que invirtieran en sus productos, principalmente por la falta de compradores como consecuencia de la piratería.

Ante ese árido panorama, y tras los problemas de distribución que había tenido al firmar con la compañía Tiffany, Willie Rosario resolvió darle la oportunidad al público de conocer el material incluido en el álbum ¡Sorpresas!, que era desconocido para muchos de sus seguidores.

«Como yo conservaba los archivos *masters* de los temas, y no había pasado nada con esa producción, entonces llamé al productor a Nueva York para preguntarle sobre el uso de

---

[216] Juan José "Juanchy" Hernández. Entrevista por el autor. 14 de marzo 2015. Puerto Rico.

ese material y me dijo: <No, Willie, olvídate, haz lo que tú quieras con eso.> Ahí fue que lo saqué de manera independiente»[217], declara Rosario, quien se dispuso a crear la firma Gennara Records, bautizada así en honor a su señora madre. La publicación fue lanzada de nuevo, pero con una modificación. De acuerdo con el director de orquesta, el tema 'Lo que más yo quiero', un arreglo de José Madera en la voz de Henry Santiago, quedó registrado en un tono muy alto.

«Yo vi que ese número tenía posibilidades de volverse a hacer, pero con la voz de una mujer. Entonces, llamé a "Choco" Orta para que lo grabara con el mismo arreglo. A ella le quedó muy bien, hizo un trabajo excelente. Siempre he sabido que ella tiene mucho talento, lo que pasa es que ha sido subestimada. "Choco" Orta tiene un gran dominio vocal y eso se puede apreciar fácilmente en esa grabación»[218], explica Rosario sobre este cambio.

La cantante "Choco" Orta, por su parte, recuerda:

«Supe que Willie Rosario llevó a la mesa con sus colegas el comentario: <A "Choco" Orta la han grabado, pero no con el *swing* que ella merece. [...]>

Fue una sorpresa para mí recibir su llamada para decirme que grabara en su disco. Me entregó una cinta que contenía la línea melódica y la letra de la canción. Yo acomodé el tema con mi conga y a la semana siguiente lo estábamos grabando.»[219]

---

[217] Willie Rosario. Entrevista por el autor. 6 de abril 2019.
[218] Willie Rosario. Entrevista por el autor. 6 de abril 2019.
[219] "Choco" Orta. Entrevista por el autor. 10 de abril de 2019.

«Con esta participación, Willie Rosario, un hombre tan respetado en la industria, lo que hizo fue validar mi persona. Willie representa el eslabón que unifica la salsa entre el siglo XX y el siglo XXI. Él es la continuidad, ha estado siempre presente sin interrumpir su carrera»[220], añade "Choco" Orta.

"Choco" Orta y Willie Rosario.
Fotografía: Archivo de "Choco" Orta

Si bien en los años siguientes la producción discográfica se vio mermada, no sucedió así con la exposición internacional de la orquesta, que continuó en ascenso visitando países como Perú, dónde hizo parte de la programación del Séptimo Festival Internacional Chim Pum Callao (2003); Colombia, con el recordado concierto en el Teatro Jorge Isaacs de Cali (2004); Feria de Cali (2007, 2010, 2017, 2018, 2022 y 2023); Premios Internacionales de la Salsa Sebastián de Belalcázar (2009); Mundial de Salsa de Cali (2010); Festival Medejazz de Medellín (2012 y 2019) y Festival Salsa al Parque de

---

[220] "Choco" Orta. Entrevista por el autor. 10 de abril 2019.

Bogotá (2015); Venezuela, en el Congreso de Salsa de Caracas (2009); carnavales en Panamá (2009); conciertos en México (2010 y 2011); Francia, en el Festival Tempo Latino (2011), entre otros; además de las continuas presentaciones en varias ciudades de los Estados Unidos, que han sido históricamente su mercado natural.

Willie Rosario en el Festival Salsa al Parque en Bogotá, 2015.
Fotografía: Luis Fernando Sandoval

2006
La banda que deleita – Willie Rosario y su Orquesta
Gennara Records

1. Lo que más yo quiero
2. Volvamos a lo mismo
3. Guitarra
4. Esperando llamada
5. Reconciliación
6. ¿Quién rayos me mandaría?
7. Piel y seda
8. Rutina
9. My best friends
10. Como son ellas

Músicos:

Willie Rosario: Timbales
José M. Lugo: Piano
Pedro Pérez: Bajo
"Sammy" García: Conga
Celso Clemente Jr.: Bongó
Luis Aquino: Trompeta
"Angie" Machado: Trompeta
"Tommy" Villariny: Trompeta
"Beto" Tirado: Saxo barítono
Jesús Caunedo: Saxofón
Raúl Rodríguez: Vibráfono
Máximo Torres: Guitarra
Edwin Colón Zayas: Cuatro
"Choco" Orta: Cantante
"Rico" Walker: Cantante
Henry Santiago: Cantante, Coro
"Cheo" Andújar: Cantante, Coro
Iris Martínez: Cantante invitada
"Tito Allen": Coro
Pedro Brull: Coro
Osvaldo Román: Coro

El músico y cantante Kayvan Vega, denominado por Tommy Olivencia como "El último de los soneros", fue también miembro activo de la orquesta de Willie Rosario, y hablando sobre esa época rememora:

«Teníamos que alternar, en 2008, con su orquesta en una actividad. Yo le dije a los muchachos: <vamos a ensayar muy bien, tenemos que ponerla dura porque ahí va a estar Willie Rosario.> La presentación salió tan chévere, que al terminar de tocar, el maestro se me acercó y me dijo: <chiquito, me gustaría que vayas a un ensayo de mi orquesta.> Cuando lo escuché decir eso, me quedé prácticamente petrificado, no lo podía creer. Asistí al ensayo y ahí me brindó la oportunidad de cantar con su orquesta. Debuté en una actividad en Aguadilla. Permanecí por casi diez años en su agrupación. El maestro Rosario es una enciclopedia, es un gran líder, un educador de la música y un ejemplo a seguir.»[221]

Un beneficiario directo de ese ejemplo a seguir es el también timbalero Pedro Morales Cortijo, conocido en el ambiente musical como "Don Perignon", director de la orquesta La puertorriqueña y quien sustituyó a Rosario, en un par de ocasiones, en la década de los años ochenta.

«Willie es una de mis grandes influencias musicales. Además, fue quien más me animó para que tuviera una agrupación con mi propio nombre. Constantemente acudía a él a buscar su consejo sobre cómo encaminarme en el negocio. Sus recomendaciones me ayudaron mucho a desarrollar el manejo con los músicos de mi orquesta. Recuerdo que no solo me orientó sobre la forma de escoger la vestimenta de los integrantes del grupo, también me conectó con el proveedor de los uniformes. Willie es un

---

[221] Kayvan Vega. Entrevista por el autor. 19 de febrero 2019.

Quijote de esta música. El destila mucha personalidad, profesionalismo y prestigio. Por eso, la música de salón, ha ganado bastante con la presencia de Willie Rosario»[222], subraya "Don Perignon" emocionado.

Willie Rosario junto a "Don Perignon".
Fotografía: Archivo de "Don Perignon"

---

[222] "Don Perignon". Entrevista por el autor. 27 de marzo 2019.

En el año 2012, Willie Rosario participó como invitado en la producción *Desde Nueva York a Puerto Rico*, del conguero y miembro de las Estrellas de Fania, Eddie Montalvo. La producción contó con la dirección musical de José M. Lugo y fue etiquetada por Señor Marcha Records.

Así lo recuerda Montalvo:

«La producción obtuvo una nominación en la 55 entrega de los Premios Grammy, en la categoría Mejor Álbum Tropical Latino, compitiendo con *Cubano soy*, de Raúl Lara y sus Soneros; *Fórmula Vol. 1*, de Romeo Santos; y *Retro*, del pianista puertorriqueño Marlow Rosado y su orquesta La Riqueña, que resultó ganadora en la ceremonia realizada en el Staples Center de Los Ángeles, California, EE.UU. Para mi álbum escogí el tema 'Amor en serio', que había grabado "Junior" Toledo con la orquesta del maestro Willie Rosario»[223]

David Marrero, el asistente de producción para la grabación, añade:

«La ejecución del timbal que se había grabado no satisfacía a los músicos de la sección. A manera de vacilón les dije: <Van a tener que buscar a Willie Rosario>. José Lugo me retó: < ¡A que no lo llamas!> Hice la llamada. Willie me respondió muy amable. Me dijo: <Para Eddie Montalvo lo que sea. Tenlo por hecho>. Nos pusimos de acuerdo y dos días más tarde Willie llegó al estudio de José Lugo y metió el timbal en 'Amor en serio' para ese disco de Montalvo.»[224]

---

[223] Eddie Montalvo. Entrevista por el autor. 23 de agosto 2015.
[224] David Marrero. Entrevista por el autor. 1 de febrero 2024.

*Willie Rosario en el estudio de José M Lugo -Guasábara Recording,- para la grabación del tema 'Amor en serio' en la producción <u>Desde Nueva York a Puerto Rico</u> de Eddie Montalvo.
Fotografía: Archivo de José M. Lugo*

2015
Evidencia – Willie Rosario y su Orquesta
(Gennara Records)

1. Ya no eres nada
2. No hay música como esta
3. Ahora si tengo ganas
4. La raza caliente
5. Qué bonito es el amor
6. Defiende el amor
7. De enero a enero/Nuestra canción
8. Rosario's beat

Músicos:

Willie Rosario: Timbales y líder
Richard Trinidad, Luis Marín: Piano
Roberto Pérez: Bajo
José A. "Beto" Tirado: Saxo barítono
Luis A. Ramos, Simón Rivera, Carlos L. Martínez, Fernando Marcano, Jesús Alonso: Trompetas
"Charlie" Padilla, Jimmie Morales: Congas
Rafael Corchado, Richard Carrasco, Carmelo Álvarez: Bongó
Luis Soto: Percusión menor
Raúl Rodríguez: Vibráfono
Víctor Morales: Guitarra
Carlos Lugo, Kayvan Vega, José E. Parra, Miguel Ortiz: Vocales
Henry Santiago, Juan Bautista, Juan José Hernández: Coros
Bobby Valentín: Productor y director musical

"Charlie" Padilla y Willie Rosario.
Fotografía: Archivo de "Charlie" Padilla

A finales de 2015, y luego de varios años sin grabar, Willie Rosario lanzó un nuevo trabajo discográfico bajo el título *Evidencia*, grabado en noviembre, en el Estudio Playbach; producido y dirigido por Bobby Valentín. El título del álbum, según explica Rosario, corresponde a una documentación del sonido que ha preservado durante sesenta años de trayectoria, un testimonio de la identidad característica de su orquesta.

El repertorio del disco reunió temas como 'Ya no eres nada', composición de Luis Lang, con arreglo de Carlos Torres; 'Defiende el amor', canción del cubano Pablo Milanés, con arreglo de Pablo "Chino" Núñez e interpretada por Kayvan Vega; 'No hay música como esta', letra y arreglo del pianista Pedro Bermúdez y 'Ahora sí tengo ganas', obra de Tito Rodríguez con arreglo de José Madera, cantada por Carlos Lugo.

En calidad de invitado en *Evidencia* figuró Alex D' Castro cantando 'Qué bonito es el amor', de la pluma del músico y productor colombiano Juancho Valencia, expuesto originalmente en *Déjame así* de la trompetista holandesa Maite Hontelé, con arreglo de Edwin Rodríguez para la versión de la orquesta de Rosario; y el *medley* de boleros que contiene 'De enero a enero' y 'Nuestra canción' de Tito Rodríguez y César Portillo de la Luz, orquestado por Bobby Valentín.

«La invitación originalmente surgió para hacer un bolero, porque por años hablamos con Willie de esa posibilidad. Cuando llegó el día, el maestro Bobby Valentín, hizo la orquestación, me invitaron a ponerle la voz, lo que para mí fue un privilegio; porque, tanto Willie, como Bobby son dos figuras destacadísimas de esta música. (...)

Estando en ese proceso en el estudio, Willie me sugirió que hiciera una salsa. Por eso también canté 'Que bonito es el amor' en ese disco»[225], recuerda Alex D' Castro.

Alex D' Castro y Willie Rosario.
Fotografía: Archivo de Alex D' Castro

---

[225] Alex D' Castro. Entrevista por el autor. 2 de abril 2019.

Al álbum *Evidencia* también fue invitado Juan José Hernández para la interpretación de una composición propia titulada 'La raza caliente', que contó con el arreglo de Marcelo Rosario. Sobre esto explica Hernández:

«Ese tema lo escribí en la época en que hacía parte de la orquesta de Willie Rosario. Durante un viaje, le presenté el tema al maestro, en un avión. A él le gustó mucho pero como sucede en algunas ocasiones, tuvo que pasar algún tiempo para que pudiera ser grabado.»[226]

La producción *Evidencia* cierra con un tema instrumental de la firma de Bobby Valentín, dedicado a su colega y aliado Míster Afinque, titulado 'Rosario's Beat'. El arreglo musical destaca la ejecución del vibráfono de Raúl Rodríguez.

Juan Carlos "Charlie" Padilla, un destacado percusionista influenciado por el estilo de "Papo" Pepín, ha trabajado consistentemente con la orquesta de Willie Rosario desde 1995. Paradójicamente, su única grabación con la orquesta es el álbum titulado *Evidencia*, compartiendo el repertorio con Jimmie Morales, quien también lo influenció[227].

«Yo participo en los temas 'Ya no eres nada', 'Ahora si tengo ganas', 'La raza caliente' y 'Que bonito es el amor'. La orquesta de Willie tiene un sonido único, esa identidad que poco se puede encontrar. Una vez que el grupo empieza a sonar hay una rápida identificación, y es difícil que un bailador se resista a ir a la pista»[228], expresa Padilla.

---

[226] Juan José "Juanchy" Hernández. Entrevista por el autor. 6 de abril 2019.
[227] Bella Martínez. *Un conguero para la historia*. Ed. Be more, p. 52.
[228] "Charlie" Padilla. Entrevista por el autor. 1 de febrero de 2024.

A lo largo de su trayectoria, Willie Rosario ha respaldado a jóvenes músicos comprometidos con el sonido de la salsa tradicional, manteniendo su apoyo inquebrantable a través de mentorías, colaboraciones y sabios consejos, que han enriquecido significativamente el panorama musical.

«Somos los últimos dinosaurios que quedamos en el ambiente, por eso, tenemos que ser guías para esa generación de nuevos salseros que están surgiendo. Hay que impulsar los grupos jóvenes que están interesados en seguir la ruta de nosotros, siempre y cuando tengan claro hacia donde quieren llegar en este complejo mundo de la música.»[229]

Carlos D' Castro, uno de esos jóvenes talentos que contó con el apoyo de Willie Rosario, cuando este participó en la grabación de su álbum *Legend*, realizado en memoria del "Rey del timbal", Tito Puente. Este fue el segundo disco del concepto ópera popular, con el que D' Castro acercó las nuevas generaciones a la obra de Machito, Puente y Rodríguez.

Específicamente, en la producción *Legend*, Carlos D' Castro reunió a siete timbaleros representativos, entre ellos a Willie Rosario, quien participó en la pieza 'Complicación', autoría de Francisco Aguabella.

Sobre este tema abunda el cantante Alex D' Castro, padre de Carlos y productor del disco:

«Willie viene de una escuela de música elaborada, muy fina, indudablemente un arte superior. Cuando él estableció su poderosa banda en Puerto Rico, implantó la formalidad en las orquestas. Así recibimos ese insumo de disciplina, de respeto a la música y al público; de trabajo arduo. (…)

---

[229] Willie Rosario. Entrevista por el autor. 28 de diciembre 2017. Cali. Colombia.

De esa manera Willie Rosario afectó positivamente a los músicos de la salsa. Impartió cátedra en lo que constituye la dirección de una orquesta»[230]

Mr. Afinque y José Jomar.
Estudio de grabación para el medley 'Homenaje a Willie Rosario'.
Fotografía: Archivo de José Jomar

Por su parte, José Jomar Marcano, un joven timbalero egresado del Programa de Música de la Escuela de Bellas Artes de Carolina y líder de la orquesta KY4, para su debut discográfico en 2016, se animó a solicitar el apoyo y participación de su referente musical, Míster Afinque. José Jomar habla con mucho sentimiento sobre este acontecimiento:

«Don Willie Rosario, es la persona que admiro, mi ejemplo a seguir. Lo seguía a donde quiera que se

---

[230] Alex D' Castro. Entrevista por el autor. 2 de abril 2019.

presentaba... Me tomé el atrevimiento de llamarlo y pedirle el permiso para hacerle un homenaje, pero también le dije que quería grabar con él. Aceptó. A partir de esa grabación hemos mantenido una amistad que aprecio mucho»[231]

Con la participación del cantante Kayvan Vega, el homenaje a Rosario se materializó con la grabación de un *medley* conformado por los temas 'El flamboyán', 'El timbal de Carlitos', 'Ya no queda nada' y 'Cuando se canta bonito', en el que el propio Rosario toca el timbal. Adicionalmente, José Jomar también grabó 'Lluvia', su tema favorito del repertorio de la orquesta de Willie Rosario, con un nuevo arreglo del pianista Javier Fernández.

Pero si hay un músico perteneciente a la nueva generación de salseros que se haya ganado el corazón de Willie Rosario, ese es Manolo Rodríguez, quien incluso ha tenido el privilegio de sustituirlo en un par de ocasiones.

Manolo define a Rosario como un músico visionario que rompió todos los esquemas con su orquestación y armonización, considerándolo único en su clase por ser de los pocos instrumentistas que ha mantenido una carrera impecable. Manolo exhibe esa misma vehemencia al hablar del apoyo que Willie Rosario le ha brindado.

«Willie siempre me motivó para que tocara vibráfono. Cuando hice mi recital de graduación en el Conservatorio de Música de Puerto Rico, en 2012; el maestro Rosario asistió como mi invitado. Toqué la pieza estando muy nervioso. Cuando terminé la ejecución, en medio de ese silencio, se escuchó la voz fuerte de Willie en el auditorio diciendo: < ¡Ese es

---

[231] Liz Sandra Santiago. Entretenimiento. 'Salsa con aroma ochentoso y sabor moderno'. *Diario Primera hora*. Puerto. Rico. 24 de marzo de 2016.

"Manolito" Rodríguez!> Definitivamente, fue un momento muy emocionante.»[232]

Manolo Rodríguez y Willie Rosario.
Fotografía: Archivo de Manolo Rodríguez

---

[232] Manolo Rodríguez. Entrevista por el autor. 30 de marzo 2019.

Según narra Manolo, Willie ya ha dejado una huella profunda en él como músico, pero aún más como ser humano, por los sabios consejos que le ha brindado.

«Cuando yo tenía dieciséis años, me llamó y me dijo que estudiara música formalmente, que no fuera uno más, que me preparara. En varias ocasiones, a través de las redes sociales, Willie ha hecho comentarios muy positivos sobre mi trabajo en la música. Le tengo mucho cariño porque siendo él un director de orquesta tan experimentado, no ha tenido inconveniente para expresarme su admiración y para impulsarme a seguir adelante. Eso tiene un gran valor para mí.»[233]

Esta consideración por Willie Rosario se ajusta a la valoración otorgada por la compositora puertorriqueña Gloria González.

«Willie ha sido el maestro. Todo el mundo siempre quiso pasar por esa escuela. Es que de ahí ha salido tanto músico y tanto cantante, que él es una historia viviente. Y lo más importante, Willie nunca le ha puesto el pie adelante a un cantante para impedirle que se vaya como solista. Al contrario, brinda su apoyo. Eso dice mucho de quien es Willie Rosario. Definitivamente, el aporte que él ha hecho a la música es enorme.»[234]

---

[233] Manolo Rodríguez. Entrevista por el autor. 30 de marzo 2019.
[234] Gloria González. Entrevista por el autor. 6 de abril 2019.

En 2017, Willie Rosario se reunió con el ex cantante de su orquesta, "Chamaco" Rivera, la voz que popularizó el éxito 'De barrio obrero a la 15'. Habían pasado cuarenta y seis años de la histórica grabación cuando Rosario y Rivera regresaron al estudio para hacer el tema 'Se volvieron a juntar': «Mi hijo Christian Ray, quien es productor musical, me dijo: < ¿por qué no grabas algo con Willie Rosario? > Eso era algo que yo quería hacer desde hace bastante tiempo, una idea que mantuve reservada para mí. La conversación con mi hijo me animó para tomar el teléfono y proponérselo al maestro.»[235]

Tras la aprobación de Rosario, vino el contacto con el compositor Juan José Hernández, encargado de darle forma a la pieza. A juicio de Willie Rosario, la intención y el valor del significativo reencuentro, quedaron plasmados de manera excepcional en la composición. Más adelante, en agosto de 2023, Christian Ray, hijo de "Chamaco" Rivera publicó el álbum *El legado continúa* que incluye los temas 'El bravo soy yo' y 'El tiempo será testigo' del repertorio de Willie Rosario, teniéndolo como invitado en el timbal.

El cantautor David Atanasio, quien fue vocalista de la orquesta de Willie Rosario entre 2003 y 2005, le extendió una amable invitación a Míster Afinque para colaborar en una grabación. Se trató del tema titulado 'Viva Rosario' de la autoría de Atanasio como tributo en vida al maestro y amigo, que contó con arreglo del venezolano Víctor Gámez. Este encuentro sucedió en 2017 en el Paris Recording Studio, en Tampa, Florida y representó también el junte con Omar Negrón, quien, al igual que Atanasio, fue vocalista en la orquesta de Rosario. El sencillo, grabado en formato de sonora, posteriormente fue incluido en el EP *Champán D' Barrio*.

---

[235] "Chamaco" Rivera. Entrevista por el autor. 22 de octubre 2017.

David Atanacio y Omar Negrón con Willie Rosario en Paris Recording Studio.
Fotografía: Archivo de David Atanacio

El 17 de febrero de 2018, en el Coliseo José Miguel Agrelot, en San Juan, Puerto Rico, se llevó a cabo el concierto *40...y contando*, como parte de la gira mundial, con la que Gilberto Santa Rosa, celebró sus cuarenta años de trayectoria musical.

Para la memorable y emotiva velada, que con posterioridad fue documentada en un especial de la cadena de televisión HBO Latino y editada en una producción discográfica que llevó el mismo nombre de la gira de conciertos, Santa Rosa tuvo como invitados a los cantantes Vico C, Eddie Santiago, Luis Enrique, "Paquito" Guzmán, Tito Nieves y Víctor Manuelle.

Durante el concierto *40...y contando* Willie Rosario participó en un segmento de nostalgia, en el tema 'Agua que cae del cielo', del músico y compositor cubano Adalberto Álvarez, pieza que se popularizó con el título 'Lluvia', a partir de 1985, con la publicación del álbum *Nuevos Horizontes* de Willie Rosario.

El trompetista y productor Mario Ortiz Jr., defensor del legado musical de su padre, la leyenda, don Mario Ortiz; tuvo un papel destacado en la orquesta de Míster Afinque durante la década de los años ochenta, participando en diversas producciones. En 2018, cuando comenzaba la grabación del álbum *Mario Ortiz All Star Band 55th Anniversary*, Ortiz Jr. optó por incluir a Willie Rosario en su proyecto. La colaboración de Rosario quedó registrada en el tema 'Más bonita que ninguna'.

«En el verano de 1979, cuando hizo falta un trompetista, me integré a la orquesta de Willie. Yo tenía diez y ocho años. Meses después hicimos la grabación del álbum *El de a 20 de Willie*. En total, llegué a grabar tres álbumes con Willie Rosario. Él es un gigante de esta música que hacemos. Es un gran ejemplo de tenacidad. Me enorgullezco de haber sido parte de su orquesta. Willie tiene muy claro el concepto del *swing*. Es una inspiración para todos nosotros los músicos, por eso fue tan importante tenerlo en mi grabación *55th Anniversary*.»[236]

En ese mismo 2018, en el marco del treinta y cinco Día Nacional de la Salsa en Puerto Rico, organizado por Z 93, de la cadena SBS, se le otorgó el Premio Estrella a Willie Rosario.

---

[236] Mario Ortiz Jr. Entrevista por el autor. 30 de marzo 2019.

Néstor Galán, "El Búho Loco", ex director de programación de la radio-estación y gestor del Premio Estrella, la máxima distinción que se entrega en la importante celebración, recuerda el reencuentro de Willie Rosario con dos de sus cantantes estelares, ocurrido en la celebración del décimo aniversario del Día Nacional de la Salsa, que fue dedicado al Pueblo Salsero, en 1993.

«En esa ocasión, invitamos a Willie Rosario con el cantante Tony Vega, para recordar varios de sus éxitos. Nunca anunciamos que Gilberto Santa Rosa, quien ya brillaba como solista, iba a hacerse presente en el espectáculo. La sorpresa para el público fue que cuando Willie marcó el tema 'Lluvia', que fue un éxito grande, en la introducción del número, que se hace a dos voces, de momento apareció Gilberto Santa Rosa en el escenario junto a Tony Vega. Fue algo apoteósico lo que se vivió aquel día en el estadio Hiram Bithorn.»[237]

Néstor Galán, "El Búho Loco" y Willie Rosario.
Fotografía: Archivo de Néstor Galán

---

[237] Néstor Galán, "El Búho Loco". Entrevista por el autor. 25 de marzo 2019.

«Sugerí la creación del Premio Estrella para reconocer de una manera muy especial a los grandes exponentes de la salsa. En el treinta y cinco aniversario del Día Nacional de la Salsa se lo otorgamos al maestro Willie Rosario, por su trayectoria y excelencia musical. Consideramos que su orquesta ha servido de escuela para muchos cantantes y músicos, y por tratarse de una estrella musical reconocida mundialmente»[238], añade el reconocido locutor y animador.

Por su parte, Rosario comenta orgulloso la importancia de la distinción:

«He participado en varias ocasiones en el Día Nacional de la Salsa, pero el Premio Estrella es un privilegio que recibí con humildad, y también con mucha alegría. Aunque mi orquesta se creó en Nueva York, es muy bello recibir ese reconocimiento en la tierra que me vio nacer.»[239]

A inicios de 2020, durante la décima edición del Festival Puerto Rico Jazz Jam, organizado por Humberto Ramírez, el maestro Willie Rosario fue invitado y homenajeado. La noche del 25 de enero, en el Teatro Tapia del Viejo San Juan, fue el escenario de una actuación memorable. Después de una interpretación magistral del tema 'Satin Lace' de Phil Sunkel, con arreglo de Humberto Ramírez, grabado previamente por la orquesta de Míster Afinque en el álbum *Back to the future*, la audiencia y la banda ovacionaron a Rosario de pie.

Con un Willie Rosario brillando frente al timbal y el respaldo excepcional de la destacada *big band* de Humberto Ramírez, la velada adquirió un carácter único en esa significativa celebración.

En esa misma línea, la de la música sincopada, Humberto Ramírez compuso el tema 'Míster Afinque' en

---

[238] Néstor Galán, "El Búho Loco". Entrevista por el autor. 25 de marzo 2019.
[239] Willie Rosario. Entrevista por el autor. 30 de mayo 2015. Bogotá, Colombia.

agradecimiento a su mentor, Willie Rosario. La pieza hizo parte de la producción *Better Days*, publicada por el trompetista y productor en mayo de 2023.

«La confianza de Willie Rosario para conmigo es tan grande, que cuando fue elegido para ser exaltado en el Salón de la fama de Puerto Rico, él me pidió que fuera su padrino y lo presentara en esa ceremonia. Esa solicitud para mí fue un gran honor.»[240]

Humberto Ramírez y Willie Rosario, en el estudio de grabación, con las partituras del tema 'Míster Afinque.'
Fotografía: Archivo de Humberto Ramírez

«La aportación de Willie Rosario es extraordinaria, y no se limita únicamente a su vigencia en la escena musical. Willie logró, hace muchos años, una de las cosas más difíciles que hay en la música: implantar un sonido único. Además, ha alcanzado una de las metas más significativas en su carrera al mantener prestigio constante como director de una orquesta de alto nivel.»[241], precisa Ramírez.

---

[240] Humberto Ramírez. Entrevista por el autor. 14 de octubre 2018.
[241] Humberto Ramírez. Entrevista por el autor. 14 de octubre 2018.

Willie Rosario y su familia.
Capitolio de Puerto Rico.
Fotografía: Conrado Pastrano

Willie Rosario junto a su familia.
Hon. Jose A. Vargas Vidot y Hon. Eddie Charbonier Chinea entregan reconocimiento.
Capitolio de Puerto Rico.
Fotografía: Conrado Pastrano

La apreciación por la destacada entrega musical de Willie Rosario, sigue manifestándose en acontecimientos significativos que subrayan su impacto. En noviembre de 2021, el músico Ángel "Papote" Alvarado, presidente y fundador del Comité Pro Nuestra Cultura dedicó la vigésima segunda edición del Festival Nacional Afrocaribeño de Ponce, Puerto Rico a Willie Rosario; destacando su influencia en la cultura musical nacional.

Posteriormente, el 22 de junio de 2022, Rosario recibió un honor excepcional al ser exaltado en el Salón de los Próceres del Capitolio de Puerto Rico, una distinción por su perdurable carrera, respaldada a través de la moción presentada por el representante Eddie Charbonier Chinea.

Así mismo, el 5 de marzo de 2023, el maestro Willie Rosario recibió un homenaje en Coamo, su ciudad natal, durante el Festival San Blas, consolidando así su impacto no solo a nivel artístico sino también su arraigo y reconocimiento en la comunidad que lo vio crecer.

El 15 de febrero de 2024, el Sistema de Salud de Veteranos del Caribe -celebrando la semana del saludo nacional a los veteranos- homenajeó a Willie Rosario por sus más de 60 años de trayectoria musical, distinguiéndolo como "el verdadero ícono de la salsa".

«Él nunca ha abusado de su fama, siempre ha sido un hombre muy elegante y educado, pero sencillo. Siempre nos ha inculcado que lo más importante es ser feliz en la vida. Y él ha hecho lo que lo hace feliz. Como dice Frank Sinatra: <Lo hizo a su manera>»[242], expone "Willito", hijo mayor del maestro Willie Rosario. La admiración hacia el músico y director de orquesta va más allá de su brillante carrera y reconocimiento; se fundamenta en su excepcional humildad. Su compromiso con la autenticidad se manifiesta no solo en

---

[242] Fernando Luis Rosario, Willito. Entrevista por el autor. 10 de abril 2019.

su música, sino también a través de sus valores. La familia para él no es solo un concepto, es su epicentro.

«Lo admiramos porque a pesar de su fama, es un hombre muy sencillo. Él siempre ha puesto a su familia como prioridad»[243], concluye "Angie", la hija menor de Willie Rosario.

«¡Me siento muy realizado! Musicalmente he hecho lo que yo he querido. Tengo una familia como ninguna. Una esposa con la que llevo más de sesenta años de matrimonio, unos hijos excelentes, unos nietos encantadores. ¿Qué más puedo pedir? ¡Dios ha sido muy bueno conmigo!»[244]

Willie Rosario y su familia.
Rueda de prensa, Concierto Los 100 años de Willie Rosario.
Coliseo de Puerto Rico.
Fotografía: Conrado Pastrano

---

[243] María de los Ángeles Rosario, "Angie". Entrevista por el autor. 14 de julio 2018.
[244] Robert Téllez Moreno. 'Willie Rosario recibe homenaje en el Día Nacional de la Salsa en Puerto Rico'. Entretenimiento. *Diario El País*. Cali, Colombia. 28 de abril de 2018.

Fotografía: Sandro Sánchez

Anexo

Willie Rosario
El compositor

A Villa Palmeras

Álbum: *Fabuloso y Fantástico.*
BMC Records (1965)

(Coro)
Sonó mi bomba, sonó mi bomba
en Villa Palmeras, sonó mi bomba

La bomba de Puerto Rico, todos la saben bailar,
porque su ritmo sabroso, a todos hace gozar,
pero los pollos modernos que bien la saben bailar
son los de Villa Palmeras, que son los de calidad

(Coro)
Sonó mi bomba, sonó mi bomba
en Villa Palmeras, sonó mi bomba

A los muchachos de ese barrio, que están siempre en vacilón
les dedico yo mi bomba, que tiene un ritmo dulzón.
Se las mandó desde aquí, desde aquí de Nueva York
y suena en Villa Palmeras, que allí si tienen sabor

Amigo de qué

Álbum: *Infinito*.
Inca Records (1973)

Yo tenía un montón de amigos que conmigo siempre estaban,
pues yo tenía alguna plata y a toditos ayudaba,
pero cuando me tocó su ayuda necesitar,
todos me dieron la espalda, no tenía a quien llamar.

Eso a mí no me amilana, se lo puedo asegurar;
si alguien a mi puerta llama lo trataré de ayudar.
No importa que en el mañana no lo quiera agradecer,
allá él con su conciencia, que todo le salga bien

(Coro)

Amigo de que, amigo de que
Cuando más necesitaba, mi amigo se fue.

__Arrepentíos pecadores__

Álbum: *Infinito.*
Inca Records (1973)

El mundo se va perdiendo, ya no hay salvación,
la sociedad se encamina a la destrucción.
No hay respeto pa' los padres, no existe amistad sincera,
el interés se interpone a lo dulce del amor.
El odio se va corriendo en la humanidad,
los hermanos con hermanos se matan sin piedad,
nuca le piden a Dios, solamente si hay tristeza
y tienen un corazón que le falta la nobleza.
La gente se está olvidando de la religión,
y resuelven sus problemas llamando a Changó,
nunca le piden a Dios, que es el que nos puede dar,
las verdades de la vida, la segura salvación.

Arrepentíos pecadores, comprendan la realidad de la vida…

(Coro)

Sigan pecando, que al fin se arrepentirán

Buscando Guaguancó

Álbum: *El bravo soy yo.*
Alegre Records (1963)

Estaba buscando un ritmo candente

de esos que hay en cuba, que alegran el corazón,

que tienen cadencia, fácil de bailarlo

y a todos nos gusta porque tiene sabrosura.

Aquí lo he encontrado y voy a cantarlo,

tú vas a escucharlo, es un rico guaguancó. (Bis)

(Coro)

Guaguancó, tú que tienes sabrosura

Pa bailar y alegrar el corazón

Dame tu amor morenita

Álbum: *El bravo soy yo.*
Alegre Records (1963)

Dame tu amor morenita, dame tu dulce querer,

comprende que estoy sufriendo la indiferencia que hay en ti.

No quisiera nunca, nunca, recordar aquel ayer,

tratar de comprendernos, y darnos cuenta de nuestro error.

Esperamos tanto tiempo, para corregir ese error

Que pasaron tantos años, y casi se muere el amor

Dame tu amor morenita, dame tu dulce querer.

Comprende que estoy sufriendo la indiferencia que hay en ti

(Coro)

Dame tu amor morenita

Déjame estar contigo

Álbum: *El bravo soy yo.*
Alegre Records (1963)

Déjame llegar donde ti y decirte te quiero,

déjame contigo vivir un momento de amor.

Quiero quemar en tus labios, el ansia de amarte.

Quiero tenerte bien cerca, pensar solo en ti.

Quiero soñarte en mis sueños, tener tus caricias.

Quiero que sientas latir, a mi corazón.

Déjame llegar donde ti y besarte la boca,

déjame tenerte conmigo toda la vida.

Quiero soñarte en mis sueños, tener tus caricias,

quiero que sientas latir, a mi corazón.

Déjame llegar donde ti y besarte la boca,

déjame tenerte conmigo toda la vida.

El bravo de siempre

Álbum: *El bravo de siempre.*
Inca Records (1969)

El bravo de siempre soy yo, lo sabe usted

Con eso del ritmo, conmigo no hay quien de

Y este son, sabrosón, bien bailable, toco yo.

El bravo de siempre soy yo, lo sabe usted

Y los que lo duden, vengan a echar un pie.

Y podrán comprender, que mi ritmo sabroso es

(Coro)

El bravo de siempre soy yo, lo sabe usted

El bravo soy yo

Álbum: *El bravo soy yo.*
Alegre Records (1963)

Que vengan todos los bravos que quieran discutirme

si es verdad que soy rey del ritmo sabrosón.

Que vengan todos los listos que quieran postergarme

para que se lleven el chasco mayor.

Mi ritmo siempre caliente, sabroso para gozarlo

por eso toda la gente lo pide para bailarlo

Que vengan todos los listos que quieran postergarme

para que se lleven el chasco mayor.

(Coro)

No se pongan celosos, el Rey del ritmo soy yo

En el monte

Álbum: *Más ritmo*.

Inca Records (1972)

(Coro)

En el monte se goza mejor, en el monte

En el monte se goza mejor, en el monte

Me acuerdo una vez que fuimos por las lomas de Cayey

y tú no quieres saber lo que allí nos divertimos.

(Coro)

Una vez llegando a Coamo bajando por la Asomante

concurso de trovadores y una trulla de cantantes

(Coro)

Si pasas por Aguas Buenas con tu güiro y tu guitarra

enseguida llegan muchachas, la fiesta se pone buena

(Coro)

La fiesta de los Quilinchini

Álbum: *De donde nace el ritmo.*
Inca Records (1971)

Los hermanos Quilinchini que se las saben todas,

formaron una comparsa con los bravos del barrio.

Vinieron de Brooklin a este vacilón

y los de Cochis vinieron desde el Bronx.

Y de Puerto Rico llegó una delegación,

siete boricuas que no creen ni en Sansón.

En esta fiesta, unos bailaban

y otros al toco y barajas, allí jugaban.

Y todos fumaban, y todos fumaban,

tabaquitos de los finos,

y llegó la policía y la fiesta se acabó.

(Coro)

La fiesta de Los Quilinchini no sirvió pa' na'

Mereces que te quiera

Álbum: *El bravo soy yo.*
Alegre Records (1963)

Mereces que te quiera con un amor profundo,

porque eres la más buena que existe en este mundo.

Tu corazón encierra un mar de cosas buenas,

por eso es que quisiera amarte hasta que muera.

Arrancarme mi alma quisiera y ponerla en tus manos.

Que en ella comprendieras, lo mucho que te amo.

Mereces que te quiera como a nadie en la vida, colmarte de

alegrías hasta que Dios quisiera.

Arrancarme mi alma quisiera y ponerla en tus manos.

Que en ella comprendieras, lo mucho que te amo.

Mereces que te quiera como a nadie en la vida,

colmarte de alegrías hasta que Dios quisiera.

Ni pa' allá voy a mirar

Álbum: *Más ritmo.*
Inca Records (1972)

Ni pa' allá voy a mirar, donde se encuentra esa gente
tienen dañado el ambiente con su forma de pensar.

Quieren el mundo arreglar, pero siempre a su manera
sin saber que los demás tienen sus propias ideas.

Ni pa' allá voy a mirar, tampoco les haré caso.
Yo sigo mirando al frente y ellos siguen bembetiando.

Ni pa' allá voy a mirar, donde se encuentra esa gente
tienen dañado el ambiente por su forma de pensar.

(Coro)
Me quieren cerrar y por eso no voy a mirar

Nos engañó la vida

Álbum: *Fabuloso y Fantástico.*
BMC Records (1965)

Que cosas tiene la vida, difícil de comprender,

me desvelo por quererte y no te puedo tener.

Tú también sufres lo mismo, porque me quieres también,

y en el fondo de este abismo, pierde vida nuestro amor.

Siendo un amor tan profundo, no podemos comprenderlo,

engañamos al destino, y la vida nos engañó a nosotros.

Yo no sé si es cobardía, realizar esta ilusión;

mientras tanto tú te mueres y yo pierdo el corazón

Yo no sé si es cobardía, realizar esta ilusión;

Mientras tanto tú te mueres y yo pierdo el corazón

Quédate en tu tierra

Álbum: *Fabuloso y Fantástico.*
BMC Records (1965)

Jibarito quédate en tu tierra (Bis)

En tu tierra tu cosecha los frutos de tu vergel,

y el agua clara del río que te mitiga tu sed.

Jibarito quédate en tu tierra (Bis)

En tu tierra siempre vives, calientito por el sol

y la madre tus hijos que siempre te da valor

(Coro)

Quédate en tu tierra jibarito

Yo sé de mí

Álbum: *De donde nace el ritmo*.
Inca Records (1971)

Yo sé de mí, yo sé de mí, y de mis cosas, que son sabrosas.

Yo siempre estoy ocupado en las cosas mías,

y a mí nunca me ha importado lo que hablen los demás.

Yo sé de mí, yo sé de mí y de mis cosas, que son sabrosas.

(Coro)

Yo sé de mí, y de mil cosas más

Fuentes Consultadas

Libros:

Domínguez, Gary. *El Cuaderno Latino de la Salsa*. Ediciones Salsa Latina. Primera Edición 2005. Cali, Colombia.

Guadalupe Pérez, Hiram. *Historia de La Salsa*. Editorial Primera Hora. Guaynabo, Puerto Rico. 2005.

Martínez, Bella. *Un conguero para la historia, las memorias de Jimmie Morales*. Ediciones Be more by BME. septiembre, 2020. Alexandria, VA. EE.UU.

Ulloa Sanmiguel, Alejandro. *La Salsa en discusión. Música popular e historia cultural*. Universidad del Valle. Facultad de Artes Integradas. Escuela de Comunicación Social, 2008. Cali, Colombia.

Revistas y otras publicaciones periódicas:

Montenegro, Orlando. *Melómanos* Documentos. 'Mr. Ritmo, Willie Rosario'. No.19: octubre - diciembre de 2002. Año 4. Santiago de Cali. Colombia.

Internet:

Sitio web de la *Fundación Nacional para la Cultura Popular*. 'Willie Rosario. Director de Orquesta, Compositor, Disc Jockey'. Por: Josean Ramos.

Associated Press. www.newsok.com. 'Willie Rosario planea celebrar su 50 aniversario'. 26 de septiembre de 2008.

Diario *Primera Hora*. 'Willie Rosario vive a dos ritmos'. 22 de julio de 2009. Puerto Rico.

Herencia Latina 'Míster Ritmo o Míster Afinque'. Por Walter G. Magaña S. Edición: febrero-marzo de 2010.

Periódico *El Vocero*. Puerto Rico. 'Papo Rosario, Guarachero desde estudiante'. Por: Zenaida Ramos Ramos. Mayo 6 de 2012.

Diario *El Nuevo Dia*. Puerto Rico. 'Celebrarán 55 años de carrera de Willie Rosario'. 4 de febrero de 2013.

Diario *Primera Hora*. Puerto Rico. Artículo: 'De fiesta Mr. Afinque Willie Rosario'. 02 de mayo de 2013.

Diario *Primera Hora*. Puerto. Rico. Artículo: 'Salsa con aroma ochentoso y sabor moderno'. Por. Liz Sandra Santiago. 24 de marzo de 2016.

El Diario NY. 'El sabor de Willie Rosario regresa a lo grande'. 25 de mayo de 2017.

Diario *El Pais*, Cali, Colombia. 'Cali, sin lugar a dudas, es la Capital de la Salsa: Willie Rosario'. Por: Ossiel Villada y Paola Gómez. 19 de diciembre de 2017.

Zeta 93. 'Willie Rosario recibe el Premio Estrella del Día Nacional de la Zalsa'. Por: Robert Téllez M. 29 de abril de 2018.

Periódico *El Vocero*. 'Banquete salsero'. Por: Yomaris Rodríguez. 30 de abril de 2018.

El Post Antillano. 'La dinastía Padilla en el reino de la Salsa'. Por: Bella Martínez. 16 de junio de 2023. Puerto Rico.

Willie Rosario y el autor. Colombia. 2019.
Fotografía: Sandro Sánchez

Willie Rosario y el autor. Colombia. 2019.
Fotografía: Sandro Sánchez

Willie Rosario y el autor. Puerto Rico. 2018
Fotografía: Mickey Mitchel

Sobre el autor…
Robert Téllez M

Bogotá, Colombia. Periodista musical. Locutor y productor de medios audiovisuales. Miembro del Círculo de Periodistas de Bogotá (CPB). Desde 1998 se ha desempeñado como programador de distintas estaciones radiales musicales de su país. Durante 9 años dirigió y condujo el programa *Conversando La Salsa* en la Radio Nacional de Colombia. Fundador y director general de Revista *Sonfonía*. Robert Téllez se destaca como investigador dedicado a la música afroantillana. Sus profundas investigaciones lo han llevado a desempeñarse como consultor y conferencista, especializado en la apreciación de la música salsa.

Libros publicados:
* *Ray Barretto, Fuerza Gigante* (2016)
* *Willie Rosario, el Rey del ritmo* [Biografía Autorizada] (2019).
* *Ray Barretto, Giant Force*, la traducción de *Ray Barretto, Fuerza Gigante*, es la obra literaria ganadora de medalla de plata como mejor traducción de español a inglés en los International Latino Book Awards (2021).

Esta segunda edición de *Willie Rosario, El Rey del ritmo*, de Robert Téllez M., se terminó de editar y de actualizar en Puerto Rico, el 4 de febrero de 2024.

Be more by…
bellamartinezescribe.com

«Willie Rosario es un gran maestro. Para nosotros los percusionistas siempre ha sido una figura de mucho aprendizaje por su control sobre el ritmo, aspecto en el que es un pionero. Willie ha sido muy sabio para escoger tanto los temas de su repertorio, como sus cantantes al frente de la banda.»

Edwin Clemente. Timbalero. Director de orquesta.

***

«Willie Rosario siempre se ha preocupado por tener excelentes músicos y contar con los mejores arreglistas para su música. Su experiencia y sabiduría ha ido dejando una huella imborrable. Es el timbalero de más cadencia y sentido rítmico que existe. Una leyenda viva de la salsa. Willie es el maestro del *swing*.»

Edwin Morales. Bajista y director de la orquesta "La Mulenze".

***

«El trabajo de Willie Rosario es una colección de aciertos y logros en el competitivo mundo de la industria salsera. Fue el arquitecto de un estilo y sonido influyentes en generaciones posteriores de músicos. La combinación de líneas armónicas y rítmicas de piano, bajo y saxofón barítono, creó ese estilo "gordo" y profundo que cautiva pies y oídos.

Con visión musical y empresarial, consistencia, disciplina, elegancia y orgullo profesional, Rosario ha mantenido por años una imagen acicalada de liderazgo que le ha ganado la admiración y aplausos de los bailadores de salsa en todo el mundo.»

Elmer González, Prof. Productor y animador de los programas *Son de Cuba* y *Son del Caribe* de Radio Universidad de Puerto Rico.

«El músico Willie Rosario es una de esas figuras del pentagrama de la salsa que han cargado sobre sus hombros la lucha por la permanencia del género, lidiando contra las adversidades que, en muchas ocasiones, impone el mercado artístico.»

Hiram Guadalupe Pérez. Sociólogo y periodista. Profesor de Ciencias Sociales. Autor del libro Historia de la salsa (2005).

***

«Su orquesta ha sido una escuela para muchos cantantes y músicos. El concepto que desarrolló, donde el saxo barítono vino a ser protagonista, es un concepto definitivamente ganador. Tenemos que estar muy agradecidos por la aportación que Willie Rosario ha hecho a la música latina, no solo en la salsa, también en el bolero.»

Néstor Galán "El Búho Loco", ex director de programación de la radio-estación Z93 en Puerto Rico.

***

«Yo digo que Willie Rosario no tiene un disco malo. Es un modelo a seguir; siendo fiel a sí mismo, moldeando un sonido apoyado por grandes arreglistas, que él mismo escogió para afinar ese estilo. Es tan especial en tantas áreas (...) Tan es así que hasta su vida ha sido recopilada en un libro, y todavía sin él tener la necesidad de tocar lo sigue haciendo porque la música no solamente es algo que le genera dinero; es algo que le genera motivación para seguir viviendo.»

Ricardo Padilla. Periodista y director de programación de la radio-estación Salsoul en Puerto Rico

Made in the USA
Columbia, SC
11 April 2024